How to Think About Money

有钱，=能买到快乐吗

money
happy?

［美］乔纳森·克莱门茨
(Jonathan Clements) /著
裴勇／译

中信出版集团｜北京

图书在版编目（CIP）数据

有钱，能买到快乐吗 /（美）乔纳森·克莱门茨著；裴勇译. -- 北京：中信出版社，2024.4
书名原文：How to Think About Money
ISBN 978-7-5217-6395-9

Ⅰ.①有… Ⅱ.①乔… ②裴… Ⅲ.①私人投资－通俗读物 Ⅳ.① F830.59-49

中国国家版本馆 CIP 数据核字 (2024) 第 045024 号

How To Think About Money by Jonathan Clements.
Copyright © Jonathan Clements 2018.
Originally published in the UK by Harriman House Ltd in 2018, http://www.harriman-house.com.
Simplified Chinese translation copyright © 2024 by CITIC Press Corporation.
ALL RIGHTS RESERVED.
本书仅限中国大陆地区发行销售

有钱，能买到快乐吗
著者：　　[美] 乔纳森·克莱门茨
译者：　　裴　勇
出版发行：中信出版集团股份有限公司
　　　　　（北京市朝阳区东三环北路 27 号嘉铭中心　邮编　100020）
承印者：　北京通州皇家印刷厂

开本：880mm×1230mm　1/32　　印张：6.5　　字数：110 千字
版次：2024 年 4 月第 1 版　　　　印次：2024 年 4 月第 1 次印刷
京权图字：01-2020-7016　　　　　书号：ISBN 978-7-5217-6395-9
　　　　　　　　　　　　　　　　定价：59.00 元

版权所有·侵权必究
如有印刷、装订问题，本公司负责调换。
服务热线：400-600-8099
投稿邮箱：author@citicpub.com

赞誉

　　乔纳森·克莱门茨将他的才智、洞察力和知识，赋予了这本书。《有钱，能买到快乐吗》一书中包含理财规划各个方面的知识和智慧，将为你带来丰厚的长期回报。

　　——埃里克·泰森（Eric Tyson），《傻瓜式个人理财》（*Personal Finance For Dummies*）作者

　　《有钱，能买到快乐吗》是一本财富指南，提供了一张协调、统一、平衡个人财务各方面的蓝图。对当今世界各种挑战感到不知所措的人，都可以从这本书中受益，并可以获得做出明智财务决策的建议。而且，将帮助你学会一种条理清晰的思考方式，来思考和执行你的人生财务规划。

　　——珍妮特·博德纳尔（Janet Bodnar），《吉卜林个人理财》杂志（*Kiplinger's Personal Finance Magazine*）编辑

克莱门茨是这个时代优秀的金融消费倡导者。《有钱，能买到快乐吗》一书中的个人理财方法不仅具有实用性，并且乔纳森总是能以一种开放的、易于理解的方式来表达这些理财建议。阅读这本书，会帮助你在财务成功之路上迈出最重要的一步——掌控个人财务情况，然后采取行动。

——彼得·默劳克（Peter Mallouk），《避开投资 5 大陷阱》（*The 5 Mistakes Every Investor Makes and How to Avoid Them*）作者

简洁、重要并尊重事实。《有钱，能买到快乐吗》一书为你提供了一条道路，使你更好地改善财务状况，过上丰盈而美好的生活。

——泰瑞·柏翰（Terry Burnham），查普曼大学金融学教授，《不理性也能赚钱》（*Mean Markets and Lizard Brains*）作者

在《有钱，能买到快乐吗》一书中，克莱门茨提供了获得财务成功的路线图。这本书不仅读起来朗朗上口，而且将会改变你看待投资和生活的方式。翻开这本书，你将会收获满满。

——梅尔·林道尔（Mel Lindauer），《博格头投资指南》（*The Bogleheads' Guide to Investing*）和《博格头退休指南》（*The Bogleheads' Guide to Retirement Planning*）作者

乔纳森·克莱门茨文笔流畅、思维清晰。在他的引导下，储蓄、投资和财务规划等专业问题，都变得有趣了。

——查尔斯·埃利斯（Charles Ellis），《赢得输家的游戏》（Winning the Loser's Game）作者

《有钱，能买到快乐吗》一书是过去 5 年来我读过的最好的理财书。如果我能写一本这样的好书，我想我一生的夙愿也就完成了。

——吉姆·达勒（Jim Dahle），白大褂投资者平台(The White Coat Investor) 创始人

作为逾 20 年资深个人理财专栏作家，克莱门茨拥有丰富的亲身经历，他提供的理财建议真诚且明智，推荐阅读《有钱，能买到快乐吗》。

——巴里·里萨兹（Barry Ritholtz），《彭博观点》专栏作家

我心目中的年度最受欢迎理财书。

——本·卡尔森 (Ben Carlson),《投资者的心灵修炼》作者

献给埃莉诺（Eleanor）、汉娜（Hannah）、
亨利（Henry）和莎拉（Sarah）

目录

序 / IX

前言 XV

第一章　用钱买到更多快乐 / 001

有钱与快乐 / 009

花钱却不快乐 / 015

养育孩子是喜是忧 / 018

会赚钱不如会花钱 / 021

第二章　你的一生很长 / 029

钱能买到自由 / 037

跟随心流 / 044

为人生投资 / 049

持有股票 / 052

押注市场的投机性 / 057

为长寿投资 / 062

第三章　重塑金钱脑 / 069

22 个思维错误 / 073

快乐储蓄 / 085

保持谦卑 / 091

关注价值而非价格 / 097

脚踏实地 / 100

第四章　深谋远虑 / 105

取舍与平衡 / 113

成就自我价值 / 118

适时贷款 / 123

晚年愉快 / 128

第五章　不输，就是赢 / 131

切勿因小失大 / 137

警惕满盘皆输局面 / 142

充分分散风险 / 145

到全球市场中去 / 149

精挑细选买基金 / 154

在熊市中保持清醒 / 158

结语 / 161

注释 / 167

致谢 / 177

序

一般写书的作者会请朋友或同事帮忙写书的序,但这本书的情况完全不同。乔纳森没有向我发出邀请。相反,他只是让我审阅一下《有钱,能买到快乐吗》的早期书稿。这本书如此准确地抓住了健康的个人财务管理的本质,以至于我主动要求,能有机会来为这本书作序。

我的母亲曾对我说:"金钱虽然买不到幸福,但至少可以让你没那么痛苦。"尽管她很有智慧,但我知道她说的也不完全正确——钱确实能买到幸福,但前提是你要非常勤奋地储蓄,然后非常谨慎地花钱。乔纳森比我认识的任何人,都更能理解并懂得传达生命历程中的关键之处。此外,也没有其他人更有资历能做到这一点,在过去近 30 年里,乔纳森在《福布斯》和《华尔街日报》的专栏发表了超过 1 000 篇文章,这些关于个人财务管理的文章,充满了他富有智慧的见解,其间他还出版了 5 本受到高度好评的书。

大多数个人理财作家都喜欢介绍储蓄、投资、保险、信用等方面的内容。在乔纳森的职业生涯中，他会更加深入地去探究：钱是如何让我们快乐或不快乐的？钱对我们来说真正的意义是什么？应该在什么时候、在何处花钱？为什么一般人的储蓄和投资结果会如此糟糕？

从表面上看，这一切似乎很明显：我们需要钱来买那些让我们快乐的东西。不，不，现在不再是这样了。首先，钱会为我们赢得时间和自主权；其次，钱可以购买到各种体验；最后，在通常情况下，金钱买到的东西又常常会让我们痛苦。

心理学家告诉我们，事实上，我们真的不知道什么会让我们快乐。我们幻想着退休以后住到热带天堂，但那些真这么做的人，很快就会发现自己待在炎热、无聊的地方，会开始想念家人和朋友。我们渴望拥有一辆豪华轿车和一座几百平方米的大房子，一旦美梦成真又会发现这太麻烦了，因为维护它们需要太多的时间和金钱。最糟糕的是，为了购买这些东西，我们不得不把宝贵的时间花在可以赚钱但是"毫无意义的"工作上，以致我们无法做自己喜欢的事情。

我不想透露本书的内容，所以仅根据自己的经验，过滤掉乔纳森的一些次要观点，对本书做如下几点小结。

1. 我们的所作所为就像一只惶恐不安的小鸡。物质主义文化让我们沉迷于那些经济学家所定义的"象征地位的商品",比如豪华轿车、奢侈品包包、高端住所,这些都可以彰显我们在社会中的身份地位。你不需要成为《广告狂人》中那种有狂热追求的人,就能意识到在纽约的麦迪逊大道上,真正生产的是永不满足的欲望。对那些认为身份地位就是穿的衣服、开的车、居住的房子的人来说,甚至会蔑视稍逊一点的消遣方式。

2. 如前所述,对所梦想得到的东西,你要非常小心。当你得到这些东西的时候,你可能会发现并不是想象的那样,特别是一些耐用消费品,使用的时间越长,它就越会不断提醒你,这是多么不明智的一次购买决定。最有可能让你快乐的事情是,与家人和朋友在一起的时光,追求一生热爱之物,提高自身教育水平。我曾经梦想着夏天住在哥本哈根,冬天住在圣地亚哥。但是当我的第一个孙女出生以后,实际情况是,如果孙女住在克利夫兰,我最有可能的是会搬到那里住。

3. 我们无法在 60 岁之前退休。考虑到寿命和受教育年限不断延长,残疾人在成年人中占比的增长,不难想象,在未来,社会中要依赖他人的非工作人口数量会超过工作人口数量。股票和债券仅仅是生产者和消费者之间的交换媒介,随着生产退休人员所需商品和服务的工人数量的下降,如果没有足够储蓄就退休了,其生活将变得更加严峻。

4. 每个人都知道股票是有风险的,做学术研究的人总喜欢用各种维度来衡量风险,并说明风险有多么糟糕。但很少有人注意到风险还有一个维度,那就是相对于其他因素,风险首先是关于年龄的函数。人们都希望能有一个强劲的储蓄流,股票对年轻人来说,其实并没有那么大的风险。进一步来说,一个 20 多岁的人应该跪求有一个漫长而残酷的熊市。简而言之,他应该热情拥抱风险,因为他可以在年轻的时候,以很低的价格买到股票。对退休人员来说,情况正好相反,如果他遇到一个漫长而残酷的熊市,而每年的支出会达到投资组合的 4%,再加上一些慢性病问题,他若能和孩子住在一起当然最好,但遇到不好的情况,他将不得不住进收容所。也就是说,对于退休人员,股票的风险将会是毁灭性的。

5. 美国提供了很好的退休金计划,你可以将领取政府退休金的时间推迟到 70 岁。在那之前,你需要花费储蓄来过日子,这样,你实际上是在以增加未来月度退休金的方式,从政府那里"购买"年金。这一策略的回报约是每年 7.5%,而且是剔除了通胀后的回报,这远远高于你从任何保险公司年金中所能获得的收益,并且还有免费的配偶生存福利。结论是,延期领取政府退休金,安排好储蓄花费的进度直到 70 岁,不用考虑购买其他的商业年金险。

6. 做学术研究的人会吹捧所谓消费平滑的理论,即在年轻时大量借贷,然后在年老时偿还这些债务,以便在你的一生中,可以保持较为平均的生活水准。这是一个非常非常愚蠢的想法,因为它忽略了习惯化。你在年轻的时候,就习惯开宝马车,坐商务舱,当你进入中年时,你可能就需要宾利汽车和一架私人飞机了。我的医学朋友、金融作家吉姆·达勒(Jim Dahle),建议开始正式执业的医生,继续保持几年"像实习医生一样"的生活。这几乎对所有人来说,都是很好的建议:当年轻时,安于住汽车旅馆,当年纪大且富有的时候,每次入住喜来登酒店,你都会感谢年轻时养成的节省习惯。

7. 游戏的名称不是致富,而是不受穷。致富的最快方法当然是中彩票,但如果你的投资策略是围绕中彩票而展开,你几乎肯定会血本无归。如果你试图押注下一个苹果或星巴克的股票,你成功的概率微乎其微,彩票投资成功的概率也差不多如此。相比之下,全球分散化的股票和债券投资组合则省心多了。乔纳森会向你展示,如今购买和持有这些组合是多么容易,虽然永远不会让你暴富,但它确实能最大限度地增加你拥有一个舒适退休生活的机会。

8. 忘了自选股吧!无论你买入或卖出,交易对手很可能就是沃伦·巴菲特或高盛(这甚至都不是最令人担忧的情况，你可能是与这家公司的高管进行交易，他比世界上任何人都更了解这家公司）。再一次，以我的那位医学朋友为例，很多人认为医生开药，是因为他们对制药公司有一些独特的了解或知识，相信我，他们并没有。"购买你自以为了解的东西"，是一个很糟糕的策略，它也适用于非医生人群。

9. 我们留给孩子最重要的金融资产，是他们会在不知不觉中学习我们的消费习惯。如果他们看到的是你最大限度地使用抵押贷款额度，使用信用卡贷款购买你不需要的东西……那么你可能正在毒害他们的财务未来。

现在，你应该迫不及待想要翻开此书了，仔细品读乔纳森几十年在个人理财前沿的研究成果。阅读、享受、获利，最重要的是，开始走上更富裕的生活道路。

威廉·J. 伯恩斯坦（William J. Bernstein）

前言

有些人人生最重要的财务管理目标是打败市场，并尽可能多地积累财富；有些人认为，只有通过智慧和勤奋努力，才能确保投资成功；还有一些人认为，通往幸福道路所需要的还远不止于此。

其中一部分人，已经开始认识到这一点。

我发现有些观点听起来可能像喊口号，却是真知灼见。比如，很少有人能真正打败市场，勤奋地储蓄是积累财富的关键，钱能带来的幸福感是非常有限的，最强的对手常常是我们自己。

这本书是我 30 多年来，关于金钱思考的产出。其中有 27 年，我一直是一名财经专栏的记者，这个角色就好像把还在流鼻涕的鼻子，紧贴在房间外的窗户上，竭力想弄清楚房间里到底在发生什么。过去 6 年，我作为美国花旗集团财富管理业务的金融教育总监，又像一个坐在房间里的人，冷眼旁观着房间外那些把鼻子贴在窗户上想一窥究竟的人。

在这些年的财务实践中，我也走了许多冤枉路，比如，购买主动管理型股票基金，涉足个股投资，预测金融市场接下来将会发生什么，购买一些我确信会带来无限快乐的东西。但是一次又一次地，我被证明是错误的，虽然也并没有给我造成特别大的损失，但是这么多的失误，让我反反复复体会到，一些所谓的传统智慧，其实并不是那么明智。

上述这些，以及接下来的文字，是我基于亲身经历、长期阅读以及过去 30 多年来与华尔街的投资者、学者、金融专业人士无数的交流和对话，对于金钱思考的结果。

很多人对于金钱的概念都是模糊不清的。他们想象一定存在某种非常的诀窍，可以解开财富之谜，或许是某类投资产品，某个特定的交易策略，甚至是某位投资导师的冥思。但实际上，财富积累的奥秘出人意料地简单，那就是我们在尽可能合理的范围内节省开支，极其谨慎地承担债务，控制主要的财务风险敞口，不要自以为聪明而盲目投资。在普通人刚成年时，财富积累的进度可能会非常缓慢，这时会很容易感到气馁。第一个 100 000 美元、100 000 英镑、100 000 欧元，或者你所在国家的等量货币，你可能要花费多年时间来积累。然而，如果我们奉行简单、谨慎的路径并持之以恒，其结果会是惊人的。也许几十年后，我们会有 50 万元，而 50 万元也可以很快变成 100 万元，甚至可能是 200 万元。

问题是，造富之路很简单，却不容易达到。在接下来的五章中，我将会讨论五个关键步骤，我认为，这五个步骤是我们应对金钱问题的核心。

- 金钱和幸福之间具有某种关系，但这种关系比大多数人想象的都要复杂得多。如果我们想赚钱，我们需要更加努力地思考，我们该如何支出以及我们的目标是什么。
- 我们大多数人都会活很久，这意味着，我们可能会有多段职业生涯，或许还会有二三十年的退休时间。这将对我们的财务管理产生巨大的影响。
- 由于我们从狩猎－采集者的人类祖先那里继承了一些本能，我们生来就不擅长储蓄和投资。其结果是：成功地管理金钱需要极大的自律，在无法自律的情况下，或许就只能自我欺骗。
- 我们把人生的财务规划分散在一系列的篮子中，我们常常认为保险与银行账户是独立分开的，我们的股票—债券投资组合与债务也毫不相关。但为了更为稳健地管理资金，并做出正确的权衡抉择，我们需要将这些分散的篮子汇集组合在一起，而核心的组合原则应该是我们未来收入流的状态。
- 为了在财务规划上未雨绸缪，我们应该少关注如何赚得更多，而要多考虑会导致未来财务状况失控的风险因素。这并不意味着我们不应该冒险，比如，高比例的股票投资配置，或申请高额抵押贷款来购买第一套房子。即使我们开始为未来储蓄和投资，我们也应致力于最小化那些导致财富损失的风险。这些损失，有些可能数额不大，比如基金管理费用和股票交易手续费，有些可能是巨大的，比如在市场底部卖出股票，或者在没有保险的情况下出现伤残或意外。不管哪种情况，它都有可能给我们造成巨大的财富损失。

本书所表达的一些观点，可能有一部分读者并不赞同，甚至会相当抵触。从我在《华尔街日报》的专栏以及其他地方收到的读者反馈来看，本书中所表达的各种观点，比如，钱并不总是能买到幸福，你极可能无法击败市场，提前偿付抵押贷款是合理的，退休人员应推迟领取政府退休金，以放松为主的退休生活可能不会令人满意。这些观点也许并不能被广泛接受，但是我希望你们能保持一个开放的心态。

考虑到所面临的一些现实障碍，我们无法清晰地思考金钱问题，也并不足为奇。近几十年来，有许多关于普通人如何理财的研究，但研究表明，我们经常只在短期内改变自己。专门研究行为金融学的学者发现，我们的行为并不像经济学传统假设的那样理性，而是存在大量的心理认知偏差。

神经经济学的研究也有类似的观点，它研究了大脑在不同金融情景下的反应。即将取得巨大胜利的期望，可能会引发多巴胺的释放，并带来欣快感，一旦投资产生损失，则可能会降低大脑的血清素水平，让我们处于焦虑和易怒的状态。神经经济学的研究结论，不仅为行为金融学，而且为进化心理学的一些观点提供了证据。进化心理学对我们从狩猎－采集的人类祖先那里继承来的各种特征进行研究。人类的大脑演化是为了人类在古代环境中生存下去，但在处理现代金融问题时，这种本能反应反而会伤害我们自己。

与此同时，其他研究也发现，金钱和幸福之间并不是一种简单的相关关系，还受各种各样的其他因素影响，包括是否结婚、工作通勤的距离以及我们的年龄。[1]

虽然本书提到了一系列不同的研究，但整体上并不是一个非常全面的调查。相反，本书在很大程度上代表一种个人观点，我所引用的研究结论与我产生了共鸣，并影响了我看待金融世界的方式。你可以在注释中找到我所引用的一些关键研究，但我并没有严格去追溯这些研究中的每一个事实或观点。[2]

对那些所谓专注于个人财务管理的理财顾问，学术界的观点并不奇怪，个人财务管理的目的就是帮助人们用他们的钱过上更充实的生活，而不仅是通过储蓄来满足一些开支目标，如教育、房产和退休。理财顾问经常发现他们的客户不知道要从他们的财务管理中实现什么。但事实上，他们花费数年时间所做出的选择，往往决定了他们人生的幸福程度。

为什么我们会犯错？罪魁祸首是，我们受到了一些传统观念和社会价值观的过度影响。我们过于关注我们的朋友、家人，尤其是父母的想法——即使我们的父母可能已经离世了。这是从狩猎－采集祖先那里遗传的本能在驱使我们。这种天生的本能，包括对损失的极大恐惧，对消费的持续欲望。可是，在当今世界，这种本能却不一定有帮助。

我们也深受金融公司和营销推广的影响。金融公司想要投资者相信他们能够打败市场，因为对金融公司来说，打败市场才能让金融公司成为卓越的营利机构。只要有利可图，金融公司的销售人员会推销任何金融产品给客户。这意味着，可能一个销售员在推销基金，而另一个销售员则在推销保险。但这些销售员很少会谈论这些产品如何与客户整体的财务管理规划相匹配，更不用说和客户一起讨论财务管理问题。因为这些问题很可能并不涉及产品的销售，比如，什么时候修改我们的遗嘱，需要多少钱可以帮助孩子完成大学学业，买多大的房子是合适的。与此同时，漫天的广告也在不停地影响着我们，是时候换一辆新车了，要购买更好的洗衣粉，该入手最新款的智能手机，这些会让我们忘记了为未来储蓄的需要。来自营销人员的信息非常明确：富足的生活就是欢声笑语的靓男美女和永不停止的消费。

在完全自由化的市场中，没有任何见不得光的阴谋诡计，每个人都在追求自身利益，包括你。如果我们想要一个幸福和成功的财富人生，我们要最大限度地挤出钱来，我们需要抛弃错误的传统思维，忽视那些旨在推销谋利的各种理财方案，去寻找金钱的正确使用方式。

这个版本的《有钱,能买到快乐吗》是为全球读者设计的。当然,税法、政府退休金、社会保障系统和投资工具会因国家不同而不尽相同。尽管如此,相似之处还是要比差异性多。我希望,这里讨论的财富概念对绝大多数读者都有用处,能为你的个人财务管理认知带来一些提升。

第一章

用钱买到更多快乐

" 为了变有钱,
你要学会花好每一分钱 "

—— ✳ ——

环顾一下你的客厅，看看家具、灯饰、电视机和挂在墙上的照片；走进厨房，满眼都是盘子、碗，以及各种其他餐具和厨房用具。再去卧室瞧瞧，衣橱里挂满了衣服。你所看到的这些，都是你曾喜欢的或认为是必需的才买回来的，你曾相信这些东西会让你的生活更幸福。后来确实如此吗？还是说，有些东西，你已经很久都没有关注了，或许，有些时候，你甚至后悔当时买了它？

别担心，我不是谴责人们对物质的追求，也不是对苦行僧般的生活方式进行哲学批判。所有人都需要椅子、餐具和衣服。不同的是，我想强调另一种观点——我们并不擅长去弄清楚，到底什么能让我们幸福。

古典经济学假设，个体会按照"效用最大化"原则来进行选择。这意味着，虽然偶尔可能会搞砸，但通常我们都不会做出破坏自己幸福的选择。这是一个可信度值得怀疑的假设。很多人吸烟、过度饮食，每天花好几个小时玩手机、看电视，尽管他们都不希望自己如此。[3] 大多数人都喜欢即时消费，却很少未雨绸缪。人们会选择那些让自己感到痛苦的职业，还会购买那些需要很长通勤时间的房子。当与人打交道时，人们的本能反应可能是有帮助的。但是当人们决定如何使用时间和金钱时，当设定所要追求的目标时，不要太相信本能直接带来的答案。

通过自身阅历和反复的思考，我们还是有希望弄清楚到底自己想要什么。一些关于金钱和幸福的学术研究也能提供一些帮助。十几年前，我开始阅读这些研究报告，立刻就被吸引了。这些研究者并不像那些受到哲学、政治观点感召的著名心理学导师，会喋喋不休地讲述一些感性的、毫无意义的传闻逸事。相反，这些学术研究都是基于严格的变量控制方法，对大量实证数据进行的严谨分析。

这些研究结果对于我们如何管理财富，甚至对于如何过好这一生，都有着深远的启示。感谢这些研究，让我通过一些改变和努力，可以有更多时间来陪伴家人和朋友。我会很乐意花些钱，去看望孩子，或带他们一起度假，或一同享用特别的晚餐。我卖掉了在郊区的房子，这样就不用再把时间浪费在通勤的路上。我辞去了让我感觉越来越讨厌的高薪工作，因为我知道，只有从事我认为重要并且热爱的工作，我才会感到更加幸福。这些研究会改变你的生活吗？以下是一些有意思的观点。

- 金钱可以换来幸福,但远没有我们想象的那么多。
- 我们更看重所拥有的财富,而对于人生的经历却不够重视。
- 在别人身上花钱给你带来的快乐,比花在你自己身上更多。
- 相对于更多的选择,更少的选择反而会让我们更快乐。[4]
- 为我们的目标努力工作时,可以带来极大的幸福感,一旦实现目标后,幸福感会降低。
- 抚养孩子并不像许多父母所声称的能带来生活的幸福感。
- 一生的幸福曲线呈 U 形,幸福感在 20 多岁时开始下降,在 40 多岁时触底,然后开始反弹。

当然,以下这些观点也比较有意思。

- 那些已婚人士,或身边有家人和朋友的人,常常会更幸福。
- 自由职业者和经常锻炼的人会更快乐,即使我们每周只锻炼一次,或者每天只锻炼 10 分钟。[5]
- 帮助别人会让我们快乐。
- 每天长时间的通勤、不佳的健康状况、失业和经济问题,都会使人不快乐。

皮尤研究中心（Pew Research Center）是一家位于华盛顿的研究机构，在2006年的一项研究中发现，每周日去教堂做礼拜的人比待在家里的人更幸福。[6]研究还发现，有宠物和没有宠物的人，以及有孩子和没有孩子的人，拥有同样的幸福感。正如你猜到的，有大量关于到底是什么造就了幸福人生的研究，这些研究发现了许多在不同程度上影响生活幸福的因素。

然而，相关关系不应与因果关系相混淆。比如，婚姻关系或一些长期的关系会让人们感到更幸福，这似乎是合理的结论。但有没有可能是，拥有更高幸福感的人会更愿意结婚呢？此外，我们还习惯用平均来推断总体，比如我们认为对所有人而言，已婚是场悲剧而单身是幸福的。挑战之处在于，我们需要对影响生活满意度的各种因素，按照其重要程度进行分类排序，找出哪些因素是最重要的。这样，我们才知道应该重点关注什么，首先从哪里开始。当思考金钱和幸福之间的关系时，我认为有四个重要的观点是值得牢记的。

第一，幸福并不是只有单一定义的简单概念。或许几个笑话和几杯饮料可以让我们高兴一天，但我们在这里，更关注的不是短暂的快乐，而是什么造就了幸福的人生。此外，我们评价自己幸福与否，还要取决于问题是如何被提出的，以及在提出这个问题之前的几分钟乃至几个小时里发生了什么。这就是为什么一些研究会得出相互矛盾的结论。一个重要的差异就是，当我们坐下来思考生活的时候，日常的幸福程度，不应该与满足感相混淆，这是两个不同的问题。

第二，不论人生中遇到好的，还是不好的境遇，我们总能迅速地调整、适应。当被告知加薪时，我们会感到很快乐。但一个月后，美好的感觉可能就会消散，加薪只是多了一些工资收入而已。我们无法预料这种适应会有多快，这也是我们无法弄清楚，到底是什么能让我们幸福的一个关键原因。

第三，幸福通常取决于我们和他人的比较。如果银行里有 50 万英镑存款，大多数人都会感到很幸福。但如果在我们居住的小镇上，几乎所有的邻居都有 500 万英镑存款，我们就没有那么幸福了。

第四，每个人对于幸福是什么都有一套自己的标准。相对于这个标准，改变生活的环境，改变度过每一天的方式，都可能会影响我们的幸福感。但有些人，无论生活如何对待他们，他们总是会比别人更能感到幸福。

这四个观点会决定一个人幸福程度的 50%。环境、年龄、收入、婚姻状态可能会决定剩下的 10%，那还有 40% 呢？主要取决于我们自己。我们可以通过选择生活方式，来改变幸福程度，包括转换追求目标、正确花钱、成为志愿者、缩短通勤时间、花更多时间和家人与朋友在一起。[7]

—— ✳ ——

有钱与快乐

在所有围绕幸福的问题中,幸福与金钱的关系可能是最令人困惑的。我们可能会看到一位名人虽然富有但命运悲惨,他理当宣称:"金钱当然换不来幸福。"然而,我们也不禁幻想,如果自己更富有一些,就会很幸福。

那么金钱到底能不能换来幸福?在世界上较贫困的地方,提出这个问题会让人们感到荒谬。如果能摆脱贫困,让他们不再担心食物和住所等基本需求,就能极大提升他们的幸福感。在肯尼亚、坦桑尼亚和乌干达等一些低收入国家,人们对生活的幸福感要显著低于秘鲁和南非等中收入国家。[8] 如果收入继续改善会发生什么呢?更多的钱能换来更多的幸福吗?结果似乎并非如此。在德国、英国和美国等一些高收入国家,人们对生活的幸福感并没有明显高于中等收入国家。

经济学家理查德·伊斯特林(Richard Easterlin)是第一个揭示金钱和幸福之间不稳定关系的学者。1974 年,他提出伊斯特林悖论，即尽管美国和其他高收入国家在过去几十年里变得更加富有，但人民的幸福水平并没有相应上升。更多的钱似乎并没有换来更多幸福。

1972 年以来，美国每隔 1~2 年都会进行一般社会调查。被调查者会被问及："综合各方面，你会如何评价现阶段的状态？你觉得非常幸福、较幸福还是不太幸福？"这项调查是由美国公共事务研究中心（NORC）发起的，其总部位于芝加哥大学。

2016 年，30.3% 的美国人表示他们非常幸福，而 1972 年这一比例为 29.7%，几乎没有变化。2016 年的调查还发现，28.7% 的美国人对自己的财务状况感到满意，低于 1972 年的 32.2%。在这 44 年里，美国经通胀调整后的人均可支配收入增长了 119%。我们不禁疑惑，在美国，人们的可支配收入增长了近两倍，为何幸福感没有提升，人们对财务状况的满意度反而下降了？美国并不是个例，类似的情况也在其他国家发生，包括澳大利亚、加拿大、法国、德国和英国，即虽然财富越来越多，但是没有换来更多幸福。[9]

为什么更多的钱换不来更多的幸福呢？我记得我写过一篇专栏文章，讨论金钱和幸福之间的弱联系。一位不同意此观点的读者指出，钱可以买到水上摩托艇，而你永远不会在水上摩托艇上看到一个不快乐的人。这或许是真的，但如果你每天都坐在水上摩托艇上，这种快乐会持续多久呢？

这里涉及一个概念，即所谓"享乐的水车效应"或"享乐的适应效应"。这个概念是指，开始时，我们都会期待获得下一次晋升，当晋升实现的时候，我们会感到很兴奋。一旦适应了环境的改善，我们就会认为新工作是理所当然的，很快，我们会开始渴望其他的事情。我们可能会把这种从渴求到适应再到回归平淡的循环，归因于从事狩猎-采集的人类祖先。人类之所以存续到今天，就是因为人类对已经拥有的东西从不满足，在追求生存的过程中，人类永远都不会停下脚步，而是一直努力，想要争取更多。

享乐的适应效应还可以解释，为什么更少的选择反而带来更多的快乐。在西方社会，人们非常重视自由选择的权利，但它也产生了不确定性，这种不确定性会导致幸福感的丧失。如果我们不喜欢当下居住的地方，但又没有钱搬新家，我们就只能选择适应。但我们如果有足够的钱，明天就可以搬家，我们永远都不会选择去适应，也不会每天都纠结该选择待在原地，还是在其他地方再买个房子。幸福感不在于选择，而在于做出决定并消除选择。

努力创造更好的物质环境，然后又很快适应，这一过程使我们的幸福感很难持久。但是，适应性也有好处，比如可以帮助我们免于持续的痛苦。我们本以为永远不会从离婚、亲人去世或永久性致残等痛苦中走出来，但因为有适应性，我们确实可以做到。享乐的适应效应有助于解释，为什么环境因素对幸福感的影响占比只有约10%。[10]

当人们适应环境的变化时，各自适应的程度也不同。比如，我们很快就习惯了新车，幸福感也会很快回到原点。但如果我们患上慢性疾病或爱人离世，会怎样呢？我们可能会从最初的痛苦中逐渐缓过来，但我们可能永远不会像健健康康和新婚之时那样幸福。

金钱和幸福之间的关系，显然比我们想象的要更复杂。但这并不是说两者没有任何联系。为了更好地理解这个问题，弄清楚以下两个问题之间的差异是很有帮助的，即如何评估整个生命历程的幸福感和日常的快乐感。

从全球范围来看，在你的年收入达到75 000美元之前，日常的快乐感大体会随着收入的增长而增加。之后，收入似乎就不重要了。超过这个收入水平之后，金钱就不再是决定日常快乐感的主导因素。有一些其他因素，比如健康状况不佳、孤独感，需要照顾另一个成年人，也是很重要的。此外有研究还发现，吸烟与较低的快乐感有关。[11]

但是，更高的收入一定会使日常生活更快乐吗？似乎并不是。在一项研究中，374名员工在一天之中，每隔25分钟被询问一次其快乐程度。那些收入较高的人表现得并不高兴，他们多少都表示自己陷入愤怒和对抗情绪，或者感到焦虑、紧张。[12] 除了这种情绪带来的压力，一般高收入人士，都会有更长的工作时间，而没有时间从事其他活动，尤其是与家人和朋友的交流，正是这些社交活动会极大地带来快乐程度的提升。

如果我们从日常的快乐跳出，展望未来的幸福，那什么才是一生的幸福？从长期来看，金钱扮演了重要的角色，研究发现，幸福水平随着收入的增长而稳步增长。这意味着，即使高收入并不一定能改善人们每一天的快乐感，但从一生的角度来看，较高的收入确实会让人们对自己的人生评价更为积极。[13]

上述研究似乎是对追求物质生活和高收入的肯定。但当你开始为了赢得下一次加薪而准备加班时，让我们一起来了解一下"聚焦错觉"。一项名为"生活在加州会让人们幸福吗"的研究，对美国四所大学的近2 000名大学生进行了调查，两所大学在中西部，两所大学在加州。

这两个地区的学生调研结果显示，他们对生活的总体满意度没有任何差异，但他们都认为，生活在加州的人会比生活在中西部的人更为幸福。这到底是怎么回事呢？当学生们想象中西部的生活和加州的生活时，他们的注意力很容易聚焦到这两个地区之间的差异上，尤其是加州有更好的天气。他们的错误在于，他们没有意识到天气带来的幸福感，对整个人生而言其实并不重要。[14]

金钱和幸福的关系也会如此吗？换句话说，当我们被问及生活是否幸福时，我们的注意力是否会立即聚焦到赚了多少钱、攒了多少钱，从而会认为，那些更有钱的人会更幸福？

金钱和幸福之间的关系也存在聚焦错觉，这种错觉可以为你所用。假设去年你对厨房进行了改造，但直到现在，你都没有注意到高昂的装修费用。或许在短期内，你只是感受到刚买的那台不锈钢零度冰箱，是真的给生活带来了小幸福。

花钱却不快乐

研究表明，金钱至少在一定程度上可以提高日常的幸福感，因为当我们停下工作开始享受生活时，感觉还不错。但是对金钱的追求以及消费方式，会损害我们的幸福感。特别是，我们常常会犯以下三大错误。

第一个错误是，我们常会把自己置于一种相对匮乏的错觉中。这是一种对我们不利的聚焦错觉。假设大幅加薪，会让我们想要在更理想的社区买一套房子。这个想法听起来不错吧？但也许不是，如果邻居赚得比我们多，而我们又经常和他们在一起，可能就不会感到那么幸福了。[15]

拿自己的经济状况与邻居进行比较，来自邻居的影响也造成了一些人的财务困境。有研究调查了一些英国家庭，这些家庭普遍都在债务泥潭中苦苦挣扎。结果发现，那些生活在负债问题比较普遍的社区的家庭，相比于那些生活在富人区的家庭，他们的不幸福感并没有那么高。[16] 不幸的生活各有各的不幸，富人也有烦恼。

如果搬到一个更富裕的社区，可能会损害我们的幸福感，而如果这个社区离工作地点的距离也比较远，情况会更加糟糕。这是人们常犯的第二个错误，即通勤时间。研究表明，通勤时间对幸福感的影响是非常大的。有一项针对909名得克萨斯州职场女性的调查，让她们对每天19项活动的满意度进行打分评估。排名最后的一项就是早上通勤，排名倒数第三的是晚上通勤。[17]

通勤不仅降低幸福感，还会威胁人际关系。瑞典的一项研究发现，通勤时间超过45分钟，会使夫妻离婚的风险增长40%。如果配偶或伴侣的一方或双方，超过五年进行长距离通勤，或者在伴侣关系开始之前，就已经有长距离通勤的情况，相应的风险会低一些。[18]

好吧，所以我们要减少通勤时间，远离富裕邻居，还有什么吗？让我们继续下个话题——房地产。假设我们正在考虑买一个更大的房子，我们可能会被超大的空间以及供孩子们玩乐的超大花园吸引。我们可能不会过多考虑房子维护工作的负担。这些维护工作即使自己不做，也不得不花些力气来找别人做，比如修剪草坪、打扫屋子、修理房子。

所以常犯的第三个错误是，我们倾向于用钱来购买越来越多的有形资产，因为我们看重这些资产的存续价值。但事实上，当我们把钱花在获得某种生活经历上而不是在物品上时，我们往往会更幸福。为什么呢？有以下多种可能的原因。[19]

经历不仅带来渴望和期待，还可以留下美好的回忆。随着时间的流逝，当我们回忆这些经历时，回忆将变得越来越美好，淡化其中的烦恼。而如果是物质，即便物质条件改善了，我们也会迅速适应这些改善，而且随着时间的流逝，这些物质资产会损坏，我们还不得不花时间和精力来维护这些资产。

经历在某种程度上会成为生命的一部分，而物质却不能。我们甚至可能对所获得的物质产生许多复杂的感受，比如担心被别人视为物质主义者。相比之下，经历可以用作谈资。我们可以经常和其他人分享、畅谈这些经历。我们可以将自己的冒险故事分享给那些没有经历过的人，并结交五湖四海的朋友。

还记得那些富裕的邻居是怎么让我们感到相对匮乏，并因此感到不幸福的吗？同样，总有一天，有些人可能拥有更多、更好的物质财富，但他们并不一定会有丰富的经历。事实上，我们人生经历的厚度是独一无二的，难以与其他人进行比较。想要从你的金钱财富中获得更多的幸福吗？忘掉高清大电视吧，去尝试并享受难忘的假期！

养育孩子是喜是忧

现在我们来谈一个很敏感的话题：养育孩子会提升幸福感还是会降低幸福感？谈到这个话题时，我需要简要说明一下，我有两个孩子和两个继子，所以我并不是那种只关注自我而不要孩子的"新纽约人"。相反，我用实际行动为养育孩子投了赞成票。然而，关于养育孩子对幸福感的影响，这个话题的研究结论大相径庭。

2012年11月皮尤研究中心的一项调查发现，在美国成年人中，有36%的已婚已育人士认为自己"非常幸福"，有39%的已婚未育人士认为自己"非常幸福"。那么对于那些单身人士呢？在那些已育的单身人士中，23%的人表示他们"非常幸福"，在那些未育的单身人士中，这个"非常幸福"的群体要更小一些，为22%。[20]

上述数据告诉我们，已婚者往往比单身人士更幸福。但是，当我们把有没有孩子的因素考虑进来的时候，会发生什么呢？正如皮尤研究中心的数据所表明的，对于养育孩子能否提升幸福感其实并不清晰。当我们去考察学术研究时，得到的结论也好像如此。有一些研究认为，养育孩子会降低幸福感，而其他的一些研究结论则恰恰相反。

一项有趣的研究表明，随着时间的推移，有孩子的夫妻和没有孩子的夫妻之间的幸福感差距会逐渐缩小。研究认为，社会分层和经济不安全感，降低了没有孩子的夫妻的幸福感。但对那些有孩子的夫妻的影响较小，可能有一部分原因是，养育孩子有助于父母更多地参与社会交往。[21]

到底如何看待这个问题呢？有孩子似乎是一件喜忧参半的事，至少从幸福的角度来看是这样。正如安格斯·迪顿（Angus Deaton）和亚瑟·斯通（Arthur Stone）所写的："我们发现有孩子和没有孩子的人相比，他们的主观幸福感几乎没有差别。"他们指出，"有孩子的人，更可能富有、受过更好的教育、更虔诚、更健康"——这些因素会带来更多的幸福感。[22]

如果我们控制了上述这些影响因素，单独来研究养育孩子的影响会是怎样的呢？迪顿和斯通发现，抚养孩子对于日常幸福感的影响好坏参半。虽然养育孩子让父母承受了更多的压力，但也享受了更多的快乐时光。总之，美国父母对自己生活的评价要略差一些。但在其他富裕的英语国家，得出的研究结论也很相似。我觉得这有点令人惊讶，我本以为这些父母会认为他们的生活比那些没有孩子的夫妻更丰富。我觉得抚养孩子会给我们带来生活意义和目标。如果我既没有孩子，也没有继子，就会丧失这些意义。但实际研究表明或许我想错了。

会赚钱不如会花钱

富裕的邻居、长时间的通勤和物质财富会降低我们的幸福感，而且养育孩子似乎也对提升幸福感帮助不大，但这并不意味着金钱换不来幸福。学者伊丽莎白·邓恩（Elizabeth Dunn）、丹尼尔·吉尔伯特（Daniel Gilbert）和蒂莫西·威尔逊（Timothy Wilson），在他们2011年发表的文章中，用醒目的标题表达了他们的观点："如果钱不能让你幸福，或许是因为你没有用正确的方式来花钱。"[23]

正如邓恩等人所说，"金钱让人们活得寿命更长、更健康，缓解忧虑和伤害，有空闲时间和家人或朋友在一起，保持自然的日常活动——这些都是幸福的来源"。富人不仅有更好的物质，他们还有更好的营养、更好的医疗服务、更多的空闲时间以及更有意义的工作，这些都是幸福生活的必要组成部分。然而，也并不是所有的富人都会更幸福。如果钱能买到幸福，那他们为什么不能呢？因为他们没有用正确的方式来花钱。

那么我们怎么才能为自己买到幸福呢？邓恩等人提到了一些策略——其中许多是违反人性的。如果把钱花在别人身上，而不是花在我们自己身上，我们就会感到更幸福。我们会从频繁的小金额消费中，得到比偶尔的大额消费更多的幸福感。如果推迟购买而不是马上购买，我们也会感到更幸福，因为延迟满足会带来期待感，这是让人愉快的。

邓恩等人建议，当评估消费对生活幸福感的影响时，我们不应该想得太多或者考虑得太远，比如"拥有一个度假屋不是很棒吗"。相反，我们应该考虑一些切实的细节问题，比如日常保养和维修可能会非常麻烦。这些让我们头痛的琐事，会对日常的幸福感产生不利影响。此外，邓恩等人指出，出于攀比的消费行为，可能会让我们关注一些不那么重要的功能。例如，当我们要买房子时，我们可能会被面积更大、价格更高的房子所吸引，但很可能这个大房子，对家庭的长期幸福并没有那么重要，我们会发现自己实际的花费要远多于我们应该的花费。

本章讲到这里，可能许多读者会有疑问，既然已经知道影响幸福程度的因素，也知道花钱的方式可能会提升幸福感，也可能会降低幸福感。那么接下来应该怎么做呢？在我自己的生活中，我努力聚焦于以下三个方面。

心理学教授爱德华·德西（Edward Deci）和理查德·瑞安（Richard Ryan）是"自我决定理论"之父。他们发现，人有三个基本的心理需求：能力匹配、自主选择和人际关系。当这三个需求得到满足后，会带来较大的自我激励和幸福体验。[24]

你可能会问："他们到底在说什么呢？"简单来说，如果我们做自认为擅长的一些事情（能力匹配），做这些事情是因为我们愿意，而不是因为被迫（自主选择），我们也不是孤立地做这些事情（人际关系），我们会感到生活更幸福，更有热情。沿着同样的路径，我相信，我们也可以用金钱来提升这三个方面的幸福感，并达到更好管理财务的目的。

第一，金钱可以缓解财务焦虑，帮助我们实现更大的自主性。在我看来，金钱有点像健康。只有当生病时，我们才会意识到健康是多么重要。同样，只有当没钱时，我们才会意识到打造坚实的家庭财务基础是多么重要。更多的钱可能不会让我们快乐，但没有钱可能会让我们非常不快乐。我们可能会感到被各种经济上的责任所束缚，或者即使我们已经开始讨厌现在的工作，但是我们不得不忍受。

的确，我们应该为退休、孩子的大学教育金和买房首付款开始储蓄。但这些具体的目标隶属于一个更广泛、更优先的财务目标，即我们想让自己达到一种状态——金钱不再是要经常担心的事情，也不再限制我们的生活。要消除对金钱的担忧，需要做的并不多，只需管控好信用卡消费，按时支付账单，把一些现金存在储蓄账户里，如此就可以大大提高幸福感。

有很多好的书籍和文章，专门介绍债务偿还、储蓄积累、谨慎投资、税务筹划、房地产规划等方面的细节。[25] 但终极目标始终是一样的，即我们要掌控自己的财务状况，这样对生活就拥有更多的主动权。随着债务的减少和储蓄的增长，我们开始享受更大程度的财务自由。这种自由程度到退休时达到顶峰，那时我们的时间就会完全属于自己，而不必为了工资而奔命。

第二，允许我们把时间和金钱花在喜欢和擅长的事情上也能提升幸福感。这就是德西和瑞安所说的能力匹配。满足这种需求，并不是一个遥远的幻想，我们的终极目标并不是在工作中努力追求业绩，而是最终有足够的钱来退休。我们应该仔细管理时间和金钱，把时间花在我们觉得愿意做的事情上，花钱雇人来做我们认为是负担的工作。[26] 我们将在下一章讨论这一点，弄清楚一个有趣的概念——"流动"，并明晰"外在"和"内在"动机之间的区别。

第三，金钱可以让我们和所关心的人一起度过难忘的时光。研究表明，一个强大的亲友社交关系网，是幸福的巨大来源。即使是和路过的人打交道，比如超市的收银员、停车场的服务员、星巴克的咖啡师，也能增加我们对社区的归属感。

我们可以怀有顽强的个人理想主义，认为自己要对自己的成功负责，不用理会别人的意见。但我们大多数人都是社交动物，想要与他人建立联系，也非常关心自己在社会中的声誉。想想看：为什么我们会对再也不会见面的陌生人彬彬有礼呢？为什么我们要支付小费给再也不会前去的餐馆的服务员呢？

有一个启示是，在搬家到很遥远的地方之前，我们应该三思，尤其是在退休以后。就像那些简单判定加州人更幸福的中西部学生一样，我们不应该假设亚利桑那州或佛罗里达州的温暖气候所带来的幸福感，在某种程度上，能够弥补因为失去密歇根州的朋友所造成的孤独感。

前面我们讨论过，对得克萨斯州 909 名职业女性的调查研究以及她们如何评估 19 项日常活动的满意度，[27] 大家对通勤的满意度是排在末位的，对工作的排名也比较靠后。到底是什么活动会带来幸福呢？有 11% 的女性提到所谓的"亲密关系"因素。这些亲密关系哪怕平均只持续了 13 分钟，却在影响幸福的因素的排行榜上名列榜首。

排名第二的因素也很显著，至少是对幸福影响的广泛度而言。这些女性给"下班后的社交"打出高分，这样的社交平均达到 69 分钟。毫无疑问，花时间与家人和朋友在一起是促进幸福的关键因素。这并不需要学术研究来告诉我们。当我们能和别人一起聚餐时，就不会选择一个人去吃饭。看电影、逛商场、整理花园和许多其他的活动也是如此。

家人和朋友并不仅仅有助于幸福，他们对我们的身心健康也很有益。2010 年的一项研究收集了 148 项早期研究的数据，这些早期研究主要是探索死亡率与人际交往频率之间的关系。[28] 研究人员发现，一个强大的亲友社交关系网对长寿的提升程度，与通过戒烟所获得的长寿提升程度，大致相当（如果我们坚持吸烟怎么办？根据这项研究，似乎结论是绝对不要独自吸烟）。

前文我曾提到从人生经历中获得的幸福感要比从物质财富中获得的幸福感更高。想从人生经历中获得更多幸福，一定要与家人和朋友在一起。和其他人一起去徒步旅行；为你和同事买音乐会门票；带着孩子去旅游；安排一次家庭团聚；和朋友们一起聚餐；安排一次长距离的飞行去看望孙子孙女。

可以肯定的是，和家人外出吃饭或听音乐会的时间只能持续几个小时，而且可能也会比回复电子邮件、阅读电子书、看电影、听音乐和上网冲浪花更多钱。物质财富通常会贬值，而人生经历却会更宝贵。

尽管外出就餐和家庭度假的花费将会减少未来留给孩子的遗产，但留下美好的家庭回忆，是我觉得最好的花钱方式之一。美国有 40 多任总统，[29] 毫无疑问，他们所有人都认为自己已经取得了丰功伟绩。然而今天，你很难找到可以说出所有总统名字的人，更不用说每一位总统的故事了。不朽的名声如果对美国总统来说都遥不可及，那么对我们这些普通人来说，就更没有太大希望了。在我们离开世界五年之后，我们大多数人都会被遗忘，只有家人和朋友还记得我们，我们将继续活在他们的回忆中，至少在这个星球上，这将会是我们最接近不朽的机会。所以我的建议是，确保能与家人和朋友留下美好的回忆。

第二章

你的一生很长

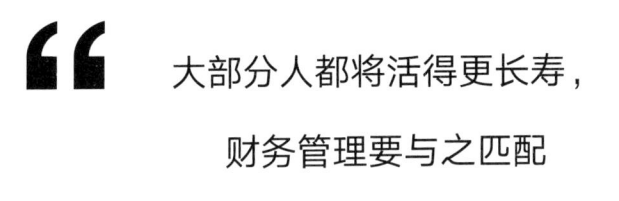

> 大部分人都将活得更长寿,
> 财务管理要与之匹配

—— ✳ ——

　　大约 1 万年前，人类告别游牧生活定居下来，形成了最初形态的农场，人类在那里种植农作物，饲养动物。而在那之前的 180 万年里，是什么让人类奔忙不休？那时的人类逐水草而居，捕鱼、狩猎，寻找可食用的野生植物，而没有想到要去驯服和饲养动物，也没有计划在下一个季节种植什么作物，在人类历史相当长的一段时间里，所谓长期规划，也只是弄清楚晚餐要吃什么。

　　自从人类的祖先在 1 万年前扎根定居以后，人类开始进化。但我们展望未来的能力似乎没有得到太大的提高。现在，我们大多数人都很清楚今天要做什么，也很清楚未来一周要做什么。但我们只会看一眼三周以后需要完成的工作项目有哪些，我们只会花很少的时间去考虑明年暑假的安排。如果是对未来几年或者几十年的计划呢？在大部分情况下，我们对长期的规划都不清晰，仅专注于度过眼前的每一天，而不仔细规划未来漫长的生活。

未来会有多长？如果你是 1900 年出生在美国的男性，你出生时的预期寿命是 52 岁；如果你是女性，那就是 58 岁。到 2000 年，美国人的预期寿命上升了约 50%，男性为 80 岁，女性为 84 岁。在法国、德国、日本、英国和其他发达国家，预期寿命通常还会更长。对那些希望活到这个岁数的人来说，我要分享一些好消息和一些坏消息。

坏消息是，尽管预期寿命在 20 世纪大幅提高，但很大一部分是由于婴儿死亡率的下降，而不是由于成年人的寿命增加。此外，预期寿命的显著提高都发生在 20 世纪上半叶。此后，提高幅度显著放缓，预计还将继续放缓。按照美国社会保障局的估计，对 2100 年出生的美国男性来说，预期寿命只会比 2000 年延长 7 年，而女性的预期寿命只会延长 6 年。[30] 当然，医学的进步可能会有所帮助，但预期寿命提高最快的阶段似乎已经过去了。也许到了我们的曾孙辈，能活到 100 岁的人也并不常见。

好消息是，我们活得时间越长，就越可能长寿。在美国，出生于 1953 年的人，男性的预期寿命为 73 岁，女性为 79 岁，这个数字还包括那些活不到统计时间的不幸者；如果剔除这些不幸者，男性的预期寿命为 84 岁，女性为 87 岁。在英国、其他西欧国家和澳大利亚也可以看到类似的情况。请记住，预期寿命是中位数，这意味着有一半的人会活到这些年龄以上或更久。在

1953 年出生的美国人群中,大约有 25% 的人至少能活到 90 岁,10% 的人至少能活到 95 岁。如果你把自己归类于中间偏上的区间,那你极有可能会迎来庆祝 90 岁生日的那一天。

保险公司计算年金险的保费时,也会使用预期寿命这个指标。但是保险公司的定价基础,不是基于普通人群,而是基于健康、富裕的客户。保险公司假设,1953 年出生的美国男性平均能活到 89 岁,而女性能活到 90 岁。[31] 这要比宽口径的预期寿命长 3~5 年。漫长的生命历程看起来像一种奢侈品,富裕的人能享受更漫长的退休生活,而那些收入少的人,往往会更早地死去。

上述这些数据,会改变我们对金钱的看法。今天正在发生着一次巨大的、现实的、实时的变革,我们每个人都置身其中。未来将有数百万人,不仅会面临前所未有的超长工作年限,还会面临前所未有的超长退休时间。我们需要弄清楚,什么能让我们快乐地工作 40 年甚至更长久。我们还需要弄清楚,如何为不确定时间长度的退休生活买单,这个时间很可能会持续 20 年或 30 年。我们需要弄清楚,这些空闲时间到底用来做什么。

你如果还执着于传统观念,也就没有必要来弄清楚这些问题。传统观念中的成功人生要求我们辛劳工作 40 年之久,尽可能多地储蓄,支付政府退休金计划,并尽量投资传统的企业养老金计划。通过这些努力,我们会在 60 多岁得到回报,从而安心退休,颐养天年,剩下的日子幸福地什么也不做。这听起来像是一条通往幸福的大道吗？它更像一剂并不能治疗痛苦的安慰剂。我们可能会花上40年的时间，来从事一份我们讨厌的工作，然后花二三十年的时间来休闲，以这样的方式来花掉生命的时间，是很难让人感到愉快的。

而且，即使这种生活听起来可取，但它几乎是不可持续的。2005年，美国每一名65岁及以上的老人对应有4.9名20~64岁的成年人来赡养。如今，这个比例约为3.7∶1。到2030年，它将降到2.8∶1。[32] 记住，从人口统计学的角度来看，美国的情况还是相对好的。截至2020年，联合国预计，美国20~64岁的成年人对65岁及以上的老人的比例为3.5∶1，英国为3∶1，法国为2.7∶1，德国为2.7∶1，日本只有1.9∶1。[33]

我们可能会拼命储蓄，为了我们仍然可以达到法定退休年龄时就退休。但随着老年人口的增长，如果那些适龄的工作人口无法生产出足够的商品和服务来满足整个人口的需求，那就并不是每个人都能在法定年龄时退出工作。[34] 无论如何，未来退休年龄都会逐年延长，原因是多方面的，可能是投资回报的下降、通胀的上升或政府退休金的削减，或者是其他一些因素的综合影响，导致老年人的财务压力越来越大，人们不得不工作更长的时间。[35]

所有这一切，对我们个人的财务管理意味着什么呢？我认为，预期寿命的增长，会带来四个关键的财务影响。第一，我们需要在成年后，尽早开始正确的理财规划，从而可以更快地实现一定程度的财务自由。第二,我们用这样的自由时间,来专注于做我们真正热爱的事情。第三,我们应该进行长期投资,这意味着我们可能终身都要配置股票。第四,在管理资金的时候,我们应该少假设自己英年早逝,而应该多思考长寿带来的问题。在接下来的内容中,我们将具体讨论这四个方面的内容。

—— ✵ ——

钱能买到自由

当我和大学生交流理财话题时，我不会和他们谈论如何去追逐梦想，而是会建议他们专注于赚钱和省钱。我甚至建议他们去刻意选择一份不那么有趣但薪水更高的工作，这样他们就可以尽快攒下一大笔钱。

这听起来可能会让人觉得太无聊、太传统。难道那些20多岁的年轻人在开始承担支撑家庭和房子月供的责任之前，就不应该去追求点有激情的事情吗？在20多岁的时候追求激情比50多岁更重要，这样的观点听起来是对的，但是很少有人去仔细考证。我认为，这个观点完全是一派胡言。因为事实恰恰是相反的。请原谅我表达得这么直接，因为我也是刚刚从自己挖的坑中爬出来。

正如我在第一章中所讲到的，许多消费行为并不会带来更多幸福，即便那些在20多岁就开始过节俭生活的人，他们未来也不会错过太多。虽然跑车、大房子和电子设备很有吸引力，但它们只会带来短暂的快乐。与此同时，要筹集足够的钱来维持可能长达 30 年的退休生活却不是一件容易的事情。如果我们从年轻时就开始准备，会发现它要容易得多。我们将有更长的时间来存钱，我们将享受数十年的投资复利。

也许最重要的是，我们可能会在工作岗位上工作 40 年或更长时间，我们需要为动荡做好准备。即便我们没有因为竞争或技术革新而丢掉工作，也还是会有很多想让我们辞职的时刻。在 40 年里总是做同样的事情，将会让时间显得非常漫长。20 多岁刚开始工作的时候，是非常有新鲜感的。但是干到 40 多岁时，这种新鲜感可能已然消失，取而代之的是对工作的各种抱怨。每天我们最想做的事情就是早点回家，喝点苏格兰威士忌。想要避免这种宿命吗？我们如果从进入职场就进行合理筹划，让自己处于持续良好的财务状态，就可以在剩下的几十年里不用太担心钱的问题，甚至有改变职业选择的经济底气，也许这份新工作的收入并不高，但会给我们带来更多的成就感。

正如第一章中所述，经济学家发现，我们一生的幸福曲线是 U 形的。[36] 人们的幸福感会在 20 多岁时开始下降，在 40 多岁时触底，然后反弹。晚年生活可能是我们最快乐的时光，直到幸福开始被健康问题所拖累。

U 形曲线难道不是为中年危机现象提供了图形化的证据吗？中年是我们压力最大的时期，因为既要抚养孩子，又要推进事业，或许还要照顾年迈的父母。

也有可能是，在刚参加工作时，幸福感就开始下降，这可能是因为，我们越来越意识到自己无法实现年轻时的抱负，最终不免"尘归尘，土归土"。当我们接受了这个现实以后，也就是幸福感开始反弹的时候。

我更相信后一种解释。当我们年轻的时候，寻求各种成就是非常让人着迷的。我们迫切想要升职加薪。几年前，我的一位同事用"不自然"一词来形容职场。在职场中，人们通常都不会感到快乐，也不会与同事成为朋友，这些是很常见的现象。但是在我们年轻的时候，职场给我们的印象并非如此，它是新奇且迷人的。我们急于去弄清楚职场规则，找到自己的位置，证明自己的价值。对那些20多岁和30多岁的年轻人来说，即便从事一份相对乏味的工作，也不算是什么负担，只要工资比较丰厚，能够满足每个月正常开支，从个人财务管理的角度来看也是明智的选择。

但在职场打拼一二十年后，我们的职业规划会发生改变。我们了解了职场规则，取得了一些成功，即使成功没有期望的那么多。我们会发现，升职加薪虽然可以让我们买想买的东西，但是物质带来的幸福感常常是短暂的。由于办公室政治和频繁的裁员，我们会对职场越来越嗤之以鼻。与此同时，无论幸运与否，我们已经开始积累了一些财富。随着财务安全感的提升，赚钱变得不再那么令人雀跃了。最重要的是，我们开始更好地认识自己，开始知道什么是自己最感兴趣的事情。

专业的心理学家会区分人的外在动机和内在动机。外在动机可以是胡萝卜，比如加薪，还可以是大棒，比如害怕被解雇。相比之下，内在动机则来自人的内心。可以想象，内在动机可能是负面的，比如我们吃掉一整盒巧克力，会让我们感到恐惧，心情不好。但通常情况下，内在动机是非常积极的，我们的行为不是因为胡萝卜加大棒的激励，而是因为内心燃烧的渴望。正如个体经营者和小企业主，他们工作是出于自己的选择，而不是因为别人的要求。

对内在动机的研究，在许多著名的心理学理论中都得到了阐述。第一章提到的爱德华·德西和理查德·瑞安的自我决定理论，讨论了三个核心的心理需求：能力匹配、自主选择和人际关系。当这些需求得到满足时，我们会感受到异常的幸福快乐，并更有可能实现自我驱动。在亚伯拉罕·马斯洛（Abraham Maslow）著名的需求层次理论中，最顶端的需求是"自我实现"，在那个阶段，我们不是被外部力量驱动，而是被一种内在的最大程度实现自身潜能的渴望驱动。内在动机也是米哈里·契克森米哈赖（Mihaly Csikszentmihalyi）的"心流"概念的核心，这是一种全身心投入所从事活动中的沉浸状态。我们将在本章的后面来继续讨论这个概念。

当我们到了40多岁，外部的胡萝卜和大棒就不再那么能产生激励作用了。取而代之的是，我们更容易被能够实现个人价值的工作所吸引。其表现是，人们慢慢会从职场和生活中超脱出来，发现自己正沿着 U 形曲线的底部反弹。这听起来可能有些严峻，但这正是成为一个完全成熟、有自我意识的成年人的关键转变。为了重新获得幸福感，我们必须放弃一心只想通过外在动机来获取动力的方式，转而追求那些对我们自己内在提升，而非对他人最为重要的目标。

听起来是不是很有道理？遗憾的是，这项研究还没有定论。[37] 随着年龄的增长，我们中的一些人，受外在动机驱动的影响越来越小，会更关注那些能带来内在满足的事物。但目前还不清楚这种情况是否会发生在大多数人身上。我猜测一个很重要的原因是钱。许多人已经达到了长期财务自由的目标，因而他们会开始追求内在的满足感。但有些人可能永远都不会达到这样的财务状态，或许是他们直到晚年才开始储蓄，或许是他们根本攒不下钱，或许是他们找不到工作而不得不延迟储蓄，或许是他们健康状况不佳而不得不负担昂贵的医疗账单，或许是他们根本就没有赚过什么钱。不管什么原因，外在动机对许多五六十岁的人来说仍然很重要，因为他们别无选择。

上面谈到的这些，好像意味着"自我实现"和"内在动机"只对那些有经济实力的人才有意义，而对一般人来说只是幻想的无稽之谈。但这些概念仍然有其道理，有一些观点不可否认，如果可以选择，你难道想把时间花在别人认为重要的事情上，而不是自己感兴趣的事上？

对一些人来说，好像为了外在动机而工作是错误的选择。尽管有一些人热爱自己的工作，可以在追求自己兴趣爱好的同时得到报酬，但对许多人而言，就没有那么幸运了。他们已经40多岁，对于前20年所从事的职业，似乎已经疲乏了。他们四处寻找下一步该做什么，他们常常会选择一些仍能产生成就感的工作，尽管收入可能并不高。想象一下，投资银行家变成数学教师，公司高管辞职加入慈善组织，中层管理者独立创业。在很多情况下，这些人放弃了安全的工作和高昂的薪水，是为了获得内在的满足感。

事实证明，让人感到有成就感的工作会对健康有益。劳伦·施密茨（Lauren Schmitz）是密歇根大学的研究员，她的一项研究是关于50岁以上的上班族的，她考察了这些人的工作条件和身体健康的关系。施密茨写道："工作会让男性运用最大的能力，来赋予自己成就感、独立性、多样性、权威性和创造力，这样的状态与老年健康状况的改善息息相关。"她说，这种影响程度与每周三次或更多的锻炼效果相当。[38]

人到中年还能再跳槽吗？许多人尝试了，很多人获得成功。在2015年的一项研究中，美国经济研究所研究了45岁及以上人群的职业变化。大约一半的受访者是出于经济原因而跳槽，另外一半是非经济原因。有82%的受访者成功跳槽，许多人找到的是他们已经拥有相关技能的工作。在跳槽者中，约有一半的人表示收入增长，18%的人收入保持不变，31%的人收入下降。改变职业似乎有助于幸福感的提升，因为65%的人说他们在工作中感到的压力更小，87%的人说他们对这种变化感到高兴或非常高兴。[39]

如果我们在进入职场后，一直努力储蓄，那么当人到中年，考虑要跳槽时，将会容易得多。我们攒钱越多，所拥有的选择就越多。但这并不意味着改变不会有压力。即使已经开始讨厌现在这份工作，但真要我们放弃这份安稳的工作，还是会让我们犹豫再三。在做决定的过程中，内心的挣扎会带来短暂的不快乐。然而，如果没有太多储蓄，我们可能就没有跳槽的底气，只能明天继续早起，回到那个讨厌的工作岗位上，所以这样短暂的不快乐无疑还是更好的。

跟随心流

如果财务自由是指一种能力，可以让我们每天做想做的事情，而不是依赖于其他人，那么当财务自由真的来临之时应该做什么呢？或许我们首先想到的是"休闲放松"和"玩得开心"。当然，正如第一章所讨论的，与家人和朋友在一起的人生经历，能给我们带来极大的幸福感。但除此之外，我也强调，专注于做自己真正喜欢的事情，也是获得幸福感的重要方式。

世界上的许多花园里都有很多没有人坐过的长椅，这是有原因的。作为狩猎-采集者的后人，人类建造东西不是为了休闲或娱乐，而是为了生存下去。当我们做自己认为重要的事情时，我们会感到幸福无比。当我们参加充满挑战，并且是自己擅长的活动时，我们常常会充满激情。这就是"心流"这个概念所描述的状态。这一概念是由克莱蒙特研究生大学（Claremont Graduate University）的心理学教授米哈里·契克森米哈赖提出的。[40]

你可以想象一位正在手术室工作的外科医生，或是一位沉浸在创作中的画家或作家，或是一位专注于某项运动的体育专业人士。在日常的活动中，比如做晚餐、开车上班、分析家庭财务状况，都会有心流的体验机会，当非常积极地从事一项任务时，我们就有可能感受到这样的瞬间。这不同于看电视时的那种被动接受的状态。当处于具有高度挑战性的活动中，需要我们发挥出高水平的技能时，我们就能够完全沉浸在所做的事情中，甚至会忘掉时间的存在。

从传统意义上说，心流时刻可能并不快乐，不像和伙伴们一起开怀大笑那样，但心流时刻确实是我们感到最为满意和最有成就感的瞬间。我们享受活动的过程，而最终目标已不再重要。我们喜欢不断进步的感觉，朝着目标而奋斗前行的过程，往往比达到目标能带来更大的满足感。再一次，我们又回到了"享乐的适应效应"——一旦我们达到了一个目标，短暂的兴奋感很快就会让位于不满足感。

得益于人类预期寿命的延长，大部分人将会面临很长的职业生涯和退休生涯。我们可能需要很多件带来兴奋感的事情，才能挨过40多年的职场生活和20~30年的退休生活。想想一只狗每天在街上追逐汽车的故事。最后，经过多年这样的追逐，它终于抓住了一辆车，把他那肥大的下巴耷拉在后保险杠上。就在那一刻，一个问题会突然浮现在狗的脑海里：我接下来要做什么呢？

对一些人来说，这种想法会在他们四五十岁的时候慢慢浮现，因为他们开始意识到，即使仍然关注工作所带来的外部回报，但他们很快就不再需要了。对另一些人来说，当他们辞职时，类似那条狗的想法会突然出现。当我们辛勤劳作40多年，每年工作48周，每周工作40多小时，终于我们突然得到了最终的奖励——退休，然后呢？退休生活可能会成为我们一生中最快乐、最充实的时光吗？其实未必如此。我们犯下的最主要的错误是，许多人花了几十年的时间为退休做经济准备，但他们很少会考虑，利用退休的时间来做什么。日复一日地睡懒觉、看报纸和打高尔夫球，可能并不会让我们感到幸福。或许这样的退休生活会让我们高兴上一两个星期。但是很快，我们就会变得焦躁不安。正如许多退休人员发现的，无尽的闲暇很快就会变成无尽的无聊。

即使在退休后，我们也需要一个早起的理由——这将让我们的生活有一种使命感——如果还能让我们赚一点钱，那就会更好了。实际上，在这个人口数量超过80亿的世界里，我们所做的事情没有哪件是非常重要的。尽管如此，我们还是渴望得到一种感觉——我们在用自己的时间做一些重要的事情。我的观点是，工作和退休之间的传统转变，即从多产的状态到突然停产的状态，对退休人员来说，并不合适。相反，退休应该被视为职业生涯的延续，我们仍然需要充实的工作。在退休后唯一的不同是，我们不用太担心工作带来工资收入的多少。

你是否期待着退休？你是否在考虑如何度过剩下的几十年？你是否处于中年，而且现在的职业已经让你精疲力尽？一些人已经知道他们想做什么了。对更多人来说，这将需要更多的思考。什么样的工作可以给你带来个人满足感？什么事情会让你经历那种心流时刻？为了找到答案，请试着问自己以下问题。

- 想象一下，如果钱不是问题，你会把时间花在哪？
- 假设你在为自己写讣告，你希望被后人记住的是什么成就？
- 回顾一下你的人生经历，什么时候最快乐？那个时候你在做什么？
- 想一想你现在的工作，你最喜欢工作的哪个部分？
- 想一想你辞职的那些工作，也许是因为薪酬给得不够，也许是因为晋升空间有限。如果现在你不再需要工资收入，或者靠低收入就能生活，你会有兴趣再考虑一下那些工作吗？

你也可以问自己三个问题，这三个问题是乔治·金德（George Kinder）在其著作《成熟理财七部曲》中提出的。这些问题旨在帮助人们弄清楚，他们到底想过上什么样的生活。

- 想象一下，如果你有足够的钱来满足你余生所有的经济需求，你会改变你的生活吗？如果会，你将如何改变？
- 假设你在目前的财务状况下，你的医生告诉你，你仅剩 5~10 年的生命，你希望直到人生最后仍然感觉良好，你会改变你的生活吗？如果会，你将如何改变？
- 你的医生告诉你你还有一天可活。回顾一下你的生命历程，你有什么曾经错过？有什么人还不曾见过？有什么事情还没做到？[41]

当你打算利用退休生涯或剩余的职业生涯，聚焦在某些事情上的时候，试着去追寻你的梦想。你曾经的梦想可能是当一名慈善组织志愿者、小说家或体育教练等。当你辞职去追寻这些梦想之前，你应该确定这些事情确实是你想做的，而确定的最好方法，就是去——尝试。

为人生投资

如果你相信我所说的，在成年之后尽早开始储蓄，你就可以为自己争取财务自由，去追求你的兴趣和爱好。但是这些钱该如何进行投资呢？可以看看罗纳德·里德（Ronald Read）的故事，他是 2015 年 3 月《华尔街日报》上一篇文章的主角。[42]"罗纳德·里德花了多年时间来开采天然气，但是他更擅长耕耘他的投资组合。"文章开头说，"里德先生长期居住在佛蒙特州，于今年 6 月去世，享年 92 岁。当他的朋友得知他的资产价值近 800 万美元时，他们感到非常震惊。他丧偶多年，有两个继子，他把大部分钱留给了当地的一家医院和图书馆。那么，他是怎么做到的呢？除了选股眼光独到，他还表现出了非凡的勤俭和耐心，这为他带来了多年的复合增长收益。"

虽然很难评估，里德的选股能力是否优于平均水平，但是他有两个显而易见的优势。首先，他非常节俭，这让他储蓄了一大笔钱。其次，他活了很长时间，所以他享受了很多年股市复合增长收益。

你也应该买股票吗？大多数人认为，买房比租房更好，因为房主在慢慢偿还抵押贷款之后，房产就变成了资产。同样，如果有选择，大多数人可能更愿意成为企业的老板，而不是员工。因为老板拥有更大的自主权，而且赚得也更多。

同样的逻辑也适用于投资。我们可以借钱给别人，这类似于我们开立一个储蓄账户或购买债券时所做的事情。我们允许别人使用我们的钱，然后向我们支付利息。或者，我们也可以成为股东或老板，这就是当我们购买股票时所发生的情况。我们如何充分利用较长的寿命以及相应的投资期限？对我而言，答案是显而易见的，应该通过购买全球分散化股票投资组合，让我们成为一名企业股东或所有者。

这个建议可能会让许多人回想起2000—2003年和2007—2009年的两次股市熊市下跌。第一次熊市，根据英国富时100指数中各成分股公司的股价计算，从峰值至低谷的下跌过程中，10万英镑变成约4.7万英镑；根据美国标准普尔500指数计算，10万美元变成约5.1万美元；根据专注于科技股的纳斯达克综合指数计算，情况甚至更糟，10万美元变成约2.2万美元。

第二次熊市同样艰难，用英国富时100指数计算，10万英镑会跌至约5.2万英镑；用美国标准普尔500指数计算，10万美元会跌至约4.3万美元。这些数据不包括投资者分红配股带来的额外收益。

但如果我们能把目光从短期的危机中转移,用更长远的目光来看,结果是惊人的。这些令人瞠目的结果可以从一些机构和学者的研究中得到印证。伊博森公司(Ibbotson Associates)作为芝加哥投资研究机构晨星公司的一个子公司,专门分析了这些结果。宾夕法尼亚大学沃顿商学院金融学教授杰里米·西格尔(Jeremy Siegel),也是畅销书《股市长线法宝》的作者,他也对此有所研究。从历史上看,在较长的持有期间,美国股市每年的回报率比通胀率高出约7%,通胀率按照3%估计,则股市预计的每年名义回报率会达到10%。考虑收益的复合增长,这足以使我们的投资价值每七年翻一倍。复合增长意味着,我们的投资收益,不仅包括初始本金的每年投资回报,还包括将前几年的投资收益再投资到股市中产生的复利回报。

为了能更清楚地展示长期投资的复利所产生的巨大收益,请尝试这个简单的计算:在计算器中输入1 000,代表初始投资1 000美元。然后把这1 000一次又一次地乘以1.1。每次你乘以1.1,数字就会增加10%。10%在第一年只值100美元。但随着逐年增长,你的投资本金增长,10%的回报率意味着更多的收益。当你第50次乘以1.1时,即第50年的投资复合增长率是10%,当年增加的收益会达到约10 672美元,而你1 000美元的初始投资现在价值约117 391美元。

持有股票

可以说，美国股市惊人的长期回报，是"历史由赢家来讲述"的一个典型例子。这一论点也得到了数据的佐证。根据 2018 年瑞信的《全球投资回报率年鉴》，自 1900 年以来，扣除通胀影响，美国股市每年的回报率超过 6.5%，同期日本为 4.3%，瑞士为 4.5%，英国为 5.5%。而且，如果你在这段时间内持有一个全球分散化股票投资组合，扣除通胀影响，你每年的回报率会超过 5.2%。

美国股市出色的历史表现也不一定能重复出现，因为它反映了估值上涨过程中带来的一次性收益。我们来了解两种最常用的衡量股票估值的指标：股息率和市盈率（市盈率是一家公司的股价除以每股收益）。1913 年年底，就在第一次世界大战前，美国股票的股息率为 6%，市盈率是 13 倍。到 2017 年年底，美国股票的股息率降至 1.8%，市盈率接近 25 倍。[43] 基于现在坚挺的美股估值水平，股票投资的回报率可能会大幅下降，而其他国家的股市完全有可能在未来几十年表现得更好。即使美股的回报率要低得多，即使我们无法幸运地投资于世界上表现最好的市场，对任何一个用长期投资框架来进行投资的人来说，持有全球分散化股票投资组合都会是明智之举。

让我们用MSCI全球指数来分析全球股市的表现，该指数的数据可以追溯到1969年年底。截至2017年年底，在过去的48年里，尽管有各种各样的理由不投资股票，包括OPEC石油禁运、20世纪70年代的恶性通胀、20世纪80年代初美国的"双谷衰退"、1987年10月19日道琼斯工业平均指数暴跌22.6%、1997年亚洲金融危机、2001年"9·11"事件、2008年金融危机，等等。然而，经历这些危机仍然坚定持有股票的人，都获得了可观的收益。从1969年年底到2017年年底，MSCI全球指数上涨了5 829%，如果用股息再投资，可以将1万美元变成近59.3万美元。[44] 5 829%的总回报率相当于年化回报率8.9%，而同期美国通胀率为4%。

让我们再谨慎一些估计，假设未来几年的年化回报率将低于8.9%。那会是多少呢？我估计长期回报率会在6%左右，而通胀率在2%。下面我将解释为什么这么估计。这可能是书中最复杂的部分，但请继续读下去，我会试着引导你来理解。

股市的表现可能会让外行人士感到困惑。但如果你将市盈率分成三个组成部分：股息率、利润增长率（以每股收益增长率来估计）和股价来进行分析，就不那么神秘了。先锋领航集团创始人约翰·博格（John Bogle）利用这三个组成部分，来区分股市的"投资性"回报和"投机性"回报。[45] 投资性回报包括股息率加上公司每股收益增长率。公司可以利用其不断增长的收入，来提高股息支付，回购自己的股票，扩大业务规模或收购其他业务。

当我们购买股票时，我们已经知道我们将获得多少股息率。截至2017年年底，所有标准普尔500指数成分股的股息率大致为2%。虽然股息偶尔会被削减，但几乎可以肯定的是，标准普尔500指数成分股的投资者将获得这2%的股息。事实上，随着公司利润的增加，分配的股息金额还会进一步增长。

那么每股收益增长率会是如何呢？这一点需要推测估计。我们首先需要估计一下经济的增长率。在美国，截至2017年，过去50年实际的（通胀调整后）GDP增长率为每年2.8%。最糟糕的一年是2009年，经济收缩了2.8%，最好的一年是1984年，经济增长了7.3%。尽管如此，在50年中有38年，GDP增长率为0~5%。这些数据在很大程度上证明了，在大多数时候，美国GDP增长率都在2.8%左右。在12个异常值中，有9个发生在前20年，而在后30年里，异常值只有3个。

不太好的消息是，过去50年，美国GDP增长率一直在放缓。自 2000 年以来，美国 GDP 增长率平均仅比通胀率高出 1.8%。这不仅反映了 2008—2009 年的大衰退，也反映了劳动人口增长放缓。其实，人口问题不仅存在于美国，许多发达国家都存在类似的问题。婴儿潮出生的一代人正在离开劳动市场，后来的年轻人正在取代他们的职位，但新入职的员工人数很少能超过即将离职的员工人数。考虑到劳动人口增长放缓，我们将假设未来 10 年美国经济的年增长率仅比通胀率高 2%。如果通胀率是 2%，那么名义 GDP 增长率就是 4%。

那么，公司利润也会增长 4% 吗？经济增长和公司利润增长并不会完全同步。如果毛利润收窄或税率上升，公司利润的增长可能会更慢。我们还需要考虑到国际增长的重要因素。因为许多美国公司，在国外开展了大量的业务。如果其他国家经济蓬勃发展，则有助于公司的利润增长。此外，即使公司利润以每年 4% 的速度增长，每股收益增长率可能也达不到 4%，因为公司需要发行新股来融资或对员工进行股权激励。从历史上看，每股收益增长率每年会落后于公司利润增长率约 2%，未来落后幅度可能会小一些，因为现在的上市公司常常会通过回购股票来减少对每股收益的稀释。[46]

正如你看到的，预测公司每股收益增长率只能是一种很粗略的估算。我们可能会假设每股收益将以 4% 的速度增长，但我们也不得不承认，实际每股收益增长率可能会更高或更低。如果按照 2% 的股息率估算，那么股票的年总回报率将达到 6%，但别忘了还有 2% 的通胀率。用博格的话来说，这是投资性回报的市场平均水平。我相信，这不仅是对美国股票市场表现的合理估计，也是对全球分散化股票投资组合的合理估计。其他市场的每股收益增长率可能比美国更低。但是在 2018 年，大多数其他市场的股息率要高一些，市盈率要低一些。

押注市场的投机性

要使 6% 的投资性回报成为市场的实际回报，股价需要以每年 4% 的速度攀升，同时每股收益要保持 4% 的年增长率。但是股价会涨得那么快吗？这就是我们必须要面对的市场投机的部分。我们所说的变化，就是投资者用手投票的股价与公司每股收益的比值的变化，用术语来说，就是股票的市盈率。如果市盈率保持不变，股价将以与公司每股收益相同的速度上涨，我们很可能会获得接近估计的 6% 的年总回报率。

然而，股票的市盈率不太可能保持不变。选股面临的一个两难困境就是，要想很准确地预测股票的回报率，我们不仅需要知道当前的股息率，还要估计公司每股收益增长率，以及推测其他投资者的投机行为。这听上去像是一个包含了非常多投资者因素的猜谜游戏，以致我们可能会忘记股票的基本价值是由股息率和每股收益增长率决定的，而无休止地担心投资者会看涨还是看跌。投资者甚至妄图从道琼斯工业平均指数的上下波动中探寻未来。

经济学家约翰·梅纳德·凯恩斯（John Maynard Keynes）在20世纪30年代曾将这种猜测比作"参赛选手必须从100张照片中挑选出6张最漂亮的面孔，而能够胜出的参赛者，是最接近所有参赛者平均偏好的那个人"。凯恩斯解释说，要赢得比赛，"不是选择那些你认为最漂亮的面孔，也不是选择那些符合平均偏好的最漂亮面孔。我们要达到第三维度，就是用我们的聪明才智，来预测所有参赛者平均偏好的平均预期值"[47]。

在股市，这种非理性会分散我们对长期基本面的注意力，而且遗憾的是，这种非理性几乎总会让我们变得更穷。事实是，如果我们是长期投资者，正如大多数人那样，市盈率上升和下降所反映的投资者情绪的变化，对我们并不重要。想象一下，我们现在20岁，投资到70岁，那时可能是我们退休的头十年。或者想象一下我们已经70岁了，我们计划把钱留给20岁的孙子，希望孙子退休时都花不光这些遗产。

在上述两种情况下，我们都是站在50年投资期限来考虑的。假设我们有1万美元要投资。如果我们担心投资者看跌，股市估值下挫，我们可能会选择投资回报率为3%的债券。50年后，我们的债券价值将约为4.4万美元。如果考虑扣除这50年每年2%的通胀率，则投资的1万美元，只换回1.6万美元。如果我们还考虑税款，最终得到的金额会更少。

现在，假设我们买的是一个全球分散化股票投资组合。年总投资性回报率为6%，50年后，1万美元将增长至18.4万美元，如果考虑通胀率的影响，我们会得到6.8万美元。但风险呢？让我们假设股市估值水平跌去了一半，比如市盈率从20倍降到了10倍。即使在这种情况下，50年后我们仍将有9.2万美元收益，经通胀调整后的收益近3.4万美元。这是我们债券投资收益的两倍多，并且是在假设股市估值会大幅下跌的基础上。

此外，如果股市估值出现暴跌，我们还可能赚更多。大多数人不会把钱一次性投入股市就再也不碰投资了。相反，随着时间的推移，我们会慢慢继续购买股票。从每个月收到的工资中拿出一点儿，将一部分存在退休计划中，将另一部分投资到最喜欢的股票和基金中。

定期储蓄和股票投资的结合会产生惊人的效果。在我们作为投资者的最初几年里，效果似乎还不太明显，投资组合价值增长的最大贡献，在最初几年里主要还是定期投入的那部分本金的增长。但如果坚持十几年，我们会达到一个临界点，即每年投资组合产生的收益开始超过我们每年投入的本金。突然间，投资组合价值的增长可以同时在这两个方面推进，我们会看到收益突飞猛进地增长。如果这种增长态势，被某一年的熊市环境中断了，该怎么办呢？只要我们坚持下去，继续投资，我们会以更低的价格买入股票，一旦市场开始复苏，我们就会从股票反弹中受益。

当我给大学生上个人理财课时,我会在期末考试中提到这个问题,"想象一下你20多岁,每个月都为退休存钱",假设股票在这段时间内有相同的累计收益,什么市场表现模式会帮助你积累最多的财富?学生们可以从三个答案中选择:

A. 现在高回报,未来低回报。
B. 现在低回报,未来高回报。
C. 每年都有相同的回报。

学生们总是选错答案。大多数人会选择 C,我想可能是他们喜欢年复一年地获得同样的回报。但正确答案是 B。对那些有勇气持续将资金投入股市的人来说,不管怎样,一个长期的熊市可能会带来一笔财富,因为在熊市中可以以较低的价格买入股票。

不要误解我的意思,我不是说应该把所有的钱都放在股市里。如果我们未来五年有需要花钱的事情,就不应该投资股票,而应该投资于短期债券、活期储蓄或其他类似的保守投资产品。但我们的大部分长期资金,还是应该配置于股市中。经济增长和股价之间的关系可能是复杂的,但它们确实是相关的。只要经济持续增长,只要我们的投资时间跨度足够长,我们最终会赚得盆满钵满。但常常,我们的信念会受到考验。在这个时刻，我们需要提醒自己，投资的成败不是基于市场情绪的短期变化，而是长期的经济增长趋势。

当经济和市场看起来特别严峻的时候，我们回顾一下，1962年古巴导弹危机期间，一位老交易员与一位年轻交易员的对话。

> 老交易员说："他们说这可能会导致核战争。"
> 年轻交易员说："那么我们应该买债券，对吧？"
> 老交易员说："不，我们应该买股票。如果这一切以和平的方式结束，股市就会上涨。如果这一切会导致核战争，我们拥有什么都不重要了。"

2008年年底和2009年年初，当经济和金融市场在灾难的边缘摇摇欲坠时，许多人认为未来金融市场再也无法恢复如初，我便提醒自己这段老交易员和年轻交易员的对话。如果全球经济崩溃，所有的金融资产都会受到影响，甚至债券和活期储蓄的投资者也面临难以兑付的风险。但如果最坏的情况并没有发生呢？股市将会回升！

为长寿投资

如果一个人有年幼的孩子或不工作的配偶,那这个人的死亡可能会给家庭带来重大的经济问题,这就是为什么我们需要寿险。但随着孩子长大后离开家,我们会攒下更多的金钱,死亡所带来的经济影响也不会那么严重。相反,当我们走向退休时,我们不得不应对相反的情况。让家庭陷入财务困境的不再是死亡风险,而是人会活得比想象中更长寿,我们可能在断气之前就已经耗尽了储蓄。

然而,很多退休人员没有意识到长寿才是未来主要的财务风险。相反,他们的行为就好像死亡即将来临一样。这种想法可以从两个重要的数据看出来。

第一个重要数据来自美国政府提供的联邦退休金。退休人员可以最早在 62 岁或最晚在 70 岁,申请领取这笔退休金。与日本和英国等国家一样,美国退休人员推迟领取政府退休金的时间越长,他们之后每月领取的金额就会越大。根据退休金领取者的出生时间,从 62 岁推迟到 70 岁,会使得经通胀调整后的退休金增长 76% 或 77%。

在 2016 年申请领取联邦退休金的美国人中,有 39% 的男性和 44% 的女性的年龄只有 62 岁,也就是说,这些人在规定的最小年龄就开始领取退休金。这个数字并不包括残障人士,残障人士会在发生残障后,自动转换为领取联邦退休金。[48] 从领取退休金开始,退休人员会在未来的每个月都收到退休金,但实际上,他们领取的退休金总额将会永久减少。怎样才是明智之举呢?我们将 62 岁开始领取退休金与 66 岁甚至 70 岁才开始领取进行比较,后者给我们带来更高的月领取额,但领取的年限也会更少。

为了进行比较,我们假设将领取的退休金再投资于风险相近的投资标的。最显而易见的选择是高质量债券,它能提供稳定、相对低风险的现金流。如果我们提前申请领取退休金,我们可以更早开始购买债券。如果我们推迟领取,虽然我们购买债券的开始时间更晚,但我们每个月都能投资更多。

怎样让推迟领取退休金的人获得更多回报呢?这取决于使用退休金购买债券可以获得的回报率。假设我们每年投资债券的回报率比通胀率高 1%~2%,这也是通常可以获得的高质量债券的平均回报率,如果我们能活到 80 岁以上,我们就应该选择推迟领取政府退休金。这一年龄比美国退休人员的预期寿命要短,也远短于美国富裕人群的预期寿命。此外,在美国的退休金制度下，即使英年早逝，我们的退休金也可以存续，作为生活补贴支付给配偶。这意味着，大多数在 62 岁就急于领取退休金的退休人员，在经济上其实是对自己不利的。

让退休人员更关注长寿的风险，而不是早逝的风险，第二个重要数据是什么呢？据美国寿险行销调研协会安全退休研究所的报告，2017 年，只有 83 亿美元投资于美国即期固定年金产品。这听起来像是个很大的数字。但与其他金融产品相比，这个投资金额是下降的。例如，根据位于华盛顿的美国投资公司协会的计算，2017 年有 4 708 亿美元涌入美国交易所交易基金（ETF）。与政府退休金类似，即期固定年金可以为退休人员提供终身收入。我们把一笔钱一次性移交给一家保险公司，然后在我们过世之前，保险公司每个月都会寄给我们一张支票。这与购买债券并没有什么不同，但也有一些区别。债券支付固定期限的利息，到期时我们将收回最初投资于债券的金额，即债券的本金价值。但是年金通常不涉及本金价值的返还，所以它每期会产生更多的现金流，保险公司会保证在我们有生之年，能持续得到每月的支付。

这不就像终身保证收入产品吗？在美国，有一种有趣的、较新颖的产品被称为长期寿险（有时也被称为递延收入年金），是在即期固定年金上演变出来的。我们可以在 65 岁时购买长期寿险。但这个寿险并不会立即给我们支付现金流，而是只有在我们活到特定年龄，比如 80 岁或 85 岁时，才开始向我们支付直到去世。这就像购买了即期固定年金产品,但是它更便宜,因为你在购买保险的早期并没有收到现金流。如果我们的寿命高于预期寿命,即期固定年金产品可以被视为附加少量保险的债券。相比之下,长期寿险可以被视为纯粹的保险,使我们能够对冲因为意外长寿而导致储蓄耗尽的风险。请记住,在这两种情况下,投保人都相信保险公司能兑付承诺才投保。选择一些财务实力评级最高的保险公司是明智的,同时从不同的保险公司购买年金险,也可以对冲单一保险公司的风险。

即期固定年金和长期寿险是与其他退休人员共同分担风险的投资方式。如果我们活到80岁及以上,我们会持续从这些产品中获得每月的现金流流入,这部分收入实际上是由其他退休但较早去世的投保人来提供的。这种资金池是应对财务管理缺陷的好方法,我们在多数情况下也很愿意这么做。当我们购买寿险或为房子买保险时,相当于将资金投入一个资金池,这个资金池由保险公司来管理,其他人也将资金投入这个池子。那些自家房屋被烧毁,或者家里有人去世的投保人,可以从这个资金池里获得一大笔钱补偿。那些房屋仍然完好,身体依然健全的人,不会从保单中获得任何补偿。虽然他们支付了保费,也没有得到任何回报,但你不会听到他们有所抱怨。

当我们谈到即期固定年金这一资金池形式的保险时,情况却不同了。为什么那些喜欢购买寿险、健康险、伤残险、车险和其他保险的人,会回避这种资金池类型的年金保险呢?为什么退休人员一达到条件，就急于申请政府退休金呢？多年来，我听到各种各样的解释。很多退休人员告诉我，他们马上申请领取政府退休金，是因为他们担心这个体系会崩溃，或者是因为他们相信，把每月的退休金拿来进行投资，可以获得更高的回报。有些人告诉我，他们不愿意购买即期固定年金，是因为年金的名声不好。然而，在美国，真正声誉不好的产品是变额年金产品和股票指数年金产品，它们是完全不同的产品，包含更高的成本，而且也更复杂。

虽然退休人员提供了许多不购买即期固定年金产品和不推迟领取政府退休金的理由，但这些各式各样的反对观点，往往有一个共同的潜在主题，即他们只是不愿意把钱下注在会活得更为长寿这件事上。也许这反映了我们倾向于关注未来几天和几周以及明年的短期变化，这种短视的习惯会使得投资者在遭受短期市场下跌时，变得非常恐慌。还会导致我们用及时行乐的方式去消费，而减少为未来的储蓄。也许这是因为人类古老的本能，我们坚持认为生活将是不幸、残酷和短暂的。也许我们很担心后代的幸福，我们不去购买即期固定年金产品或不推迟领取政府退休金的实际原因是，一旦我们早逝，留给继承人的将很少。也许我们是担心以下事情的发生：如果刚退休就去世了，我们不仅无法从年金投资和国家养老金体系中得到回报，而且我们如此英年早逝更令人意难平。

无论什么原因，与我们这种内在本能做斗争，都是非常值得的。如果我们不投资即期固定年金，不能推迟领取退休金，我们将无法享受巨大的财务优势。什么优势呢？尽管我们也不会永远活着，但预期寿命确实会大大提高。尽管从更广的角度来审视生活，活得更长寿似乎是一件喜忧参半的事，但从财务的角度来看，所有人最终都会慢慢走向衰老和死亡，而我们可以利用这个过程来造福我们自己，成为人生赢家。

通过推迟领取政府退休金，同时利用其他储蓄来支付退休早期的生活成本，我们可以锁定更多的未来现金流（经通胀调整后）。为什么政府也愿意我们几年以后再支取退休金以换取未来更多的月度退休金呢？因为政府知道人在慢慢接近死亡，但是平均来说，政府也只会延期支付大约20年，而不是25年。更多的现金流流入可以使未来退休生活更舒适，财务压力更小。我的观点是，在美国，如果你是一个健康的单身人士，或者你已婚并且是家里的顶梁柱，那么将政府退休金领取时间推迟到70岁以后，从财务角度看是最合适的。其他国家的规则有些不同，但是我相信，在多数情况下，人们也会发现推迟领取退休金是值得的。

我不愿意如此大张旗鼓地来宣传年金险。与推迟领取政府退休金相比，年金险的财务回报的吸引力不够，而且投保人还要关注保险公司的破产风险。但如果你推迟领取政府退休金，就可以获得最大可能的福利，如果你还想要更多有保障的收入，这时即期固定年金产品和长期寿险就是比较好的选择了。

即使你不想近期就购买即期固定年金产品,对逐渐年老的人而言,年金产品的财务优势也是非常明显的。你可以这样想:如果我们不购买年金产品,我们必须积累足够的钱来支付未来的生活成本,并且只要我们活着就需要钱。考虑不确定性,我们应该确保我们的储蓄足够应付我们活到 95 岁。如果我们购买年金产品呢?为了产生同样数量的退休收入,我们不需要储蓄那么多钱。原因是,保险公司将向我们出售一份年金险,我们将和其他购买年金险的人一起,作为一个群体,一直活到 80 多岁。如果我们能活得更久些呢?保险公司会来承担额外的生活成本。

第三章

重塑金钱脑

> 财务情况过于敏感将会带来巨大的精神压力,必然导致投资失败

— ✳ —

大多数人都会犯各种各样的财务错误：花费太多，储蓄太少；承担过多的债务；当股市下跌时，无比恐慌；随着股市上涨，投资过于激进。我们为什么如此情绪不稳？不要责怪我们的父母，我们应该责怪的可能是曾曾曾曾曾曾祖父母——曾经狩猎-采集的人类祖先。

回到一万年前，在人类定居下来开始种植作物和驯养动物之前，人类的游牧民族祖先是什么样的？我们今天能在这里，是因为人类的祖先在那样的环境中生存下来并繁衍后代。还有许多祖先在这场生存之战中失败，但我们的祖先没有。他们拥有什么样的素质？我们其实并不知道。

但我们可以做一些有根据的大胆猜测：他们会在任何时候摄入食物，因为可能明天就没有食物了；他们会模仿他人，因为跟随别人正是学会如何生存的一种方式；他们在不断寻找各种规律，比如附近有食物和水的迹象，或天气变化的迹象；他们对任何危险都迅速反应，无论是捕食者的威胁，还是可能的食物短缺，因为这些危险可能意味着灭绝；他们具有强烈的警惕意识，来保护自己的家庭和部落中的其他人，因为通过联合，他们和他们的后代更有可能生存下来，从而确保家族血脉传承下去；他们努力劳作，不懈地获取食物，打造安全的住所，并且对自己的生活从不满足，因为任何懈怠都可能危及生存。

而今天的你和我，和我们的祖先其实并没有太大的不同。

有时候引用进化心理学的研究可能会令一些人心生不满，因为这方面的研究发现，人类只是由基因控制的傀儡，并没有自由意志。我赞成一个更微妙的观点，即我们天生的秉性，会导致我们习惯于按照某种定式来行动，但这并不是说我们只凭直觉做事而不思改变。我们可以对抗自己天生的秉性，特别是在管理资金时，这才是正确的做法。但我们不应该用"需要很强大的精神力量"来麻痹自己而不去尝试。

— ✳ —

22个思维错误

在第一章中我们讨论了，为什么我们无法使金钱效用最大化，这是因为我们并不了解，到底什么能让我们快乐。在第二章中我们讨论了，虽然大多数人的寿命都会相当长，但我们没有将其考虑到财务规划中。我们常常犯的错误，并不仅限于以上这些。

下面你将会读到，由行为金融学家发现的22个常见思维错误。[49] 一口气读完这些可能难以快速消化，但如果我们想要成为成功的财富管理者，我们就需要牢牢记住这些并不起眼的心理错误。人们常常是不自律的，包括支出太多、负债太多、储蓄太少。我们无法预测市场的短期方向（甚至长期预测也做不好），但我们的买卖行为一直基于这些无用的预测。在长达一生的投资历程中，我们的投资肯定难以超过市场平均水平，但我们一直在盲目地尝试。

研究人员发现了许多在储蓄和投资领域常犯的错误，虽然这些错误与买房、申请政府退休金和承担债务等方面的相关性不大，但与个人财务规划的其他方面息息相关。这些研究应用了大量的股票市场数据，这些市场每天都有数十亿笔股票交易，其产生的数据能很方便地用于量化研究。但在个人财务规划的其他领域，还没有类似充足的数据来源。

当你阅读下面所列的各项研究结果时，你可能会发现你的家人和朋友也在犯着类似的错误，而你也没有幸免。也许不是每个人都会犯这些心理错误，但这些错误普遍且根深蒂固地存在于我们的行为中，它们不能被视为只是少数人非理性的错误。没有人会像传统经济学理论所假设的那样，能够做一个没有感情和情绪的完全理性人，尽管我们一直想要尝试成为那样的人。所以，想改善你的财务管理情况吗？请避免犯以下22个心理错误。

1. **过于关注短期**。专家一直建议我们储蓄和投资，这样就可以在20年或30年后退休。然而多数人仍然只是关注眼前。有想买的新款电子产品吗？为了劝说我们不要推迟到12个月以后再买，商家会提供巨大的消费折扣诱惑。我们还会受到一些事件的过度影响，包括最新的政治新闻、当前的经济数据以及近期的资本市场涨跌。我们非常重视未来几天或数周，对明年却没有投入足够多的重视，更不用说对未来十年了。

2. **常常缺乏自律**。极低的储蓄率一方面是因为过于关注短期，另一方面是因为缺乏自律的本性。我们祖先的那个时代不必通过约束消费来为退休准备资金。而现在的我们确实需要自律，对大多数人来说，这将会是一件挣扎一生的事情。

3. **认为投资成功的秘诀是努力交易**。无论是阅读企业年报，还是每日投入高频交易中，我们常以为这些活动会带来成功。然而所有这些活动，可能给我们带来的是一种掌控投资结果的错觉。事实上，当我们进行频繁的、大量的、非分散化的交易后，会产生巨额交易成本。操作越多，结果不一定会越好。

4. **认为未来是可以预测的**。回顾过往历史，在20世纪90年代末科技股出现大幅上涨后，似乎很明显，接踵而来会发生科技股的崩盘。同样，我们对21世纪初的房地产泡沫破裂也不会感到惊讶。我们相当确定可以预测到这两次市场崩溃。但真的是这样吗？这难道不是事后诸葛亮？我们忘记了当时存在的所有不确定性，我们还会忘记当时被证明是错误的各种预测。正是由于对过去的选择性遗忘，我们才会觉得未来的事件是容易预测的，从而投下大额赌注，而后却悔之晚矣。

5. **推断行情的模式根本不存在**。每当市场突然逆转，或研究一家新公司时，我们常常会使用类比的思考方式。

当看着股市突飞猛进时,我们可能会想,这是不是1999年的行情重演,是不是一个熊市的开始。当我们遇到一家拥有众多热门产品的科创公司时,我们可能会想"这会是下一个苹果吗"。随着市场行情的上下震荡,我们也想尝试去推断近期的行情,或预测行情的反转。一些尝试去推断市场行情的投资者会认为,上升的市场还将持续上升,从而不断买入更多;下跌的市场还将持续下跌,从而陷入恐慌并抛售。与此同时,另一些预测反转的投资者,可能会在市场下跌时冲进来买入,而在价格上涨时连忙卖出。

6. **厌恶损失**。研究表明,人们从亏损中获得的痛苦感是从盈利中获得的快乐感的两倍多。假设我们有机会在抛硬币游戏上赌100英镑。我们如果猜错了正反面,将会失去100英镑。为了让我们参与游戏,猜对要奖励多少钱才会有吸引力呢?100英镑的奖金虽是一个比较公平的数额,然而,要吸引大多数人参与游戏,可能需要200英镑或更多。这表明我们有多么厌恶赔钱,这种对损失的厌恶有助于解释,为什么从历史来看,尽管股市长期是上涨趋势,而投资者却一直避开股市。

7. **常常会过早卖掉盈利的筹码,而紧紧抓住亏损的筹码**。虽然投资者通常被描述为厌恶风险,但更准确地说,我们是厌恶损失。当面临损失时,我们可能会愿意冒更大的风险来弥补损失。比如持有的一只股票的价格下跌，我们会购买更多，这样的方式有时被称为加倍下注。我们的目标是，在我们平仓离开市场之前，尽可能保持不亏损。否则我们会拒绝出售，直到持仓的股票回到购买的成本价格，或接近实现盈亏平衡的位置。这不仅仅是亏损的问题，也是关于失去面子的问题。如果坚持持有股票，我们可以用"这只是账面浮亏"来安慰自己。出售股票意味着我们承认自己犯了一个错误，同时伴随着与之相关的遗憾感。然而，通常更明智的策略是承认损失。根据我所在州的税收规则，我可以用这些亏损来抵补所得税。人们会固执地持有亏损的股票，也经常会过早、过急地卖掉盈利的股票。为什么呢？这可能是因为一种骄傲感在作祟。当我们实现收益并落袋为安时，这种感觉很好。但如果股票是持有在一个应税账户中，卖出套现行为，不仅会带来交易成本，还会带来高额的税款。

8. **过于自信**。大多数人都认为自己的驾驶技术比其他司机更出色，脑子比大多数人更聪明，长得也更好看。虽然这未必是坏事，自信的人往往更快乐，他们能更好地应对压力，而且更可能在所从事的职业上取得成功。但事实上，我们不是盖瑞森·凯勒（Garrison Keillor）所描述的乌比冈湖边的孩子，我们并不比平均水平更优秀。有时过度自信，反而成为投资的真正障碍，会导致我们过度交易，盲目坚信自己可以打败市场，从而做出更大头寸的、更集中的投资。

9. **把赢的原因归于自己，而把输的原因归于别人**。当我们进行一笔股票投资时，如果价格开始上升，那当然是由于我们出色的选股能力。如果价格下跌，那就是我们的经纪人，或者是电视上那个白痴的错。这种对输和赢的归因偏差，减少了我们从错误中吸取教训的机会，同时进一步增强了我们的自信。这也解释了，在市场上涨过程中看到的羊群效应。随着股市的攀升，越来越多的投资者赚到钱，自信心膨胀，使他们更愿意去冒险。如果此时赌场盈利效应伴随而来，还会给这种日益增长的风险偏好带来火上浇油的作用。就像在傍晚时分，一位幸运的赌徒，开始觉得自己处于领先地位，于是选择承担更大的风险。

10. **对风险的耐受性并不稳定**。在建立投资组合时，我们经常被建议做风险测评，然后用风险评级来指导买入多少股票和债券。但问题是，我们对风险的耐受性不稳定。今天我们乐于持有的投资组合，可能会让一年后的我们十分痛苦。为什么我们对风险的偏好会变化呢？正如上文中提到的许多心理错误。当股市下跌时，我们可能会因为推断股市继续下跌，而在恐慌中卖出股票。也可能是，我们预测市场下跌会结束并开始反转，或者因为想到已经浮亏，从而在下跌时加倍买入，以待反弹时卖出，实现收益来弥补损失。当市场上涨时，你会怎么做？你可能会卖出，因为你享受实现收益的快感，或者因为你预测行情会反转，但也可能因为相信"趋势是我们的朋友"，而投入更多的钱。如果受到赌场盈利效应的影响，我们可能也会囤积更多的股票。

11. **习惯于锚定特定的价格**。如果我们听说邻居的房子在两年前以 30 万英镑的价格售出，即使房价在这两年内有所下跌，我们也会认为，我们的房子至少也应该卖这么多钱。同样，我们可能拥有一只股票，它曾涨到过 50 英镑，但后来跌到了 30 英镑。我们可能会坚持等到 50 英镑的价格再卖出，而拒绝以更低的价格卖出。

12. **常把错误决策合理化**。很少有人会承认并纠正错误，而是经常编造故事来让自己的错误决策看起来合情合理。我们甚至会改变做出这个决策时的记忆，我们会想象自己的行为比实际发生的更理智。我们所感到的不安有时被称为认知失调。为了避免不适，我们试图解决两个相互矛盾的想法的冲突，即"我只是做出了一个愚蠢的财务决策"的想法与"我对管理钱很在行"的想法，我们会试图找到一些方法，让那个愚蠢的财务决策看起来更明智。

13. **习惯投资熟悉的公司**。包括雇主的公司、所在行业竞争对手的公司、总部在家附近的公司，以及使用过其产品的公司……熟悉感使投资者对持有这些股票感到更舒服，但其结果往往是，持有投资组合的分散化程度很糟糕，而且承担了很多不必要的风险。

14. **对所持有的股票给予更高的估值**。这被称为禀赋效应。为什么我们要额外附加一些估值而不愿卖出？也许是因为熟悉感，以及投资选择带来的承诺感让我们把谨慎抛至脑后。也许是因为我们是根据喜欢的某位股评家的推荐而买入的，或者是从父母那里继承了这笔投资，让我们产生了一种情感上的依赖。

15. **相比于做错事，更喜欢不作为**。如果我们没有卖出股票，而股价随后下跌，我们可能会责怪自己，但是这种遗憾相比于我们卖出股票以后，股价出现飙升所带来的懊悔感，还是会低得多。这种担心我们的行为可能会使事情变得更糟的恐惧，有时被称为现状偏见。

16. **认为故事比统计数据更有说服力**。学术研究告诉我们，价值型股票——那些基于市盈率和股息率等市场标准选出来的低价股票，其表现优于成长型股票，尽管后者的收益和销售都在迅速增长。但学术研究不是一个好故事的对手，我们仍然会被拥有巧妙创新和狂热客户的热门成长型公司所吸引。成长型股票也提供了实现梦想的机会，我们可以想象，这只股票可能会突然飙升100%或200%。事实上，这种幻想往往比实际赚到钱更令人愉快。这和度假很类似，想象我们的度假场景，往往比实际的旅行更有趣。最重要的是，热门成长型股票提供了一种有吸引力的回报结构，与彩票一样，投入并不多，但是潜在收益很大。然而投资这样的股票，在大多数时候，我们都会空手而归。

17. **决策常基于容易获得的信息。**尽管车祸造成的死亡率要比飞机更高，但当飞机失事成为新闻头条时，我们会开始害怕坐飞机而不是开汽车。同样，我们听到很多关于投资传奇人物沃伦·巴菲特的故事，也听到很多人生赢家购买彩票中大奖的新闻，这让我们感觉，击败市场和彩票中大奖的可能性比实际上要大得多。

18. **常关注那些能证明自己观点的信息，选择性忽视与自己观点矛盾的信息。**这种现象在持看涨或看跌股市观点的人中很常见。看涨者发现到处都是乐观的理由。看跌的人呢？他们看到的情况恰恰相反。我记得我曾收到来自《华尔街日报》读者的信，其中一位读者在信中指出，在过去一年中，大多数股票的最高价和最低价之间存在着巨大差距。他认为,这是在股市上很容易赚钱的证据。另一位读者也指出了同样的现象,但是他认为,这是在股市上很容易赔钱的证据。

19. **相信成交量是一个安全指标**。"每个人都在购买"的成交现象,会让投资者觉得该投资具有安全性。这种错觉通常对投资不利。在选择餐馆或电影时,受欢迎程度可能是一个有用的指标,但在投资时,它可能会给你带来一场灾难,因为我们会发现自己跟随大众买入时,股票的价格已经很高了。

20. **财务决策并非基于纯粹的财务考虑**。就像普通消费者的购买行为一样,基于财务考虑的决策有三个好处:功利作用(它会给我带来什么)、表现作用(它表达了我什么诉求)和情感作用(它给我带来什么样的感觉)。当我们管理财务时,可能会坚持认为我们的目标是纯粹功利性的,我们想要的就是赚钱。但事实上,我们经常出于表现欲或心情因素而做出决定,但这两个动机可能会不利于功利性目标的实现。我们可能会为投资对冲基金或求助一名私人财务顾问而感到自豪,但由于费用高昂,我们不太可能获得超过市场平均水平的回报。我们可能会对一只仅投资承担社会责任的公司的基金感觉良好。我们可能会从频繁的股票交易中寻求刺激,这种频繁交易还可能导致出现第二章提到的那种心流状态。我们会沉浸在频繁交易的快感之中，而这种频繁交易可能会损害我们的财务收益。类似地，我们可能会从购买成长型股票和刚上市的新股中获得快感，因为这两种类型的股票都提供了一个实现超高收益梦想的机会。[50]

21. **常算心理账而非算财务账**。主要会以三种方式表现出来。

第一，我们会把财富按照不同的心态分别归类到不同的心理账户中，并以不同的方式看待每一类。例如，我们可能会愿意提取银行账户中的钱来消费，而不愿出售任何一份所投资的基金份额，除非出现可怕的紧急情况。

第二，我们会关注好几位信得过的股票专家，然后按照他们的推荐，建立一个分散化投资组合，却没有关注整体投资组合的表现。当组合中某一项投资出现亏损时，我们的心情也跟着大起大落。

第三，我们会明确区分投资带来的收益和出售标的资产带来的资本利得。请记住这句古老的格言"在你挣到钱之前，千万别把它花掉"和"千万不要打本金的主意"。按照这些思路，退休人员通常会快乐地花掉股息和利息，但他们不愿出售任何股票和债券。这种心态可能会导致他们购买高收益的投资产品，并承担了意想不到的更高的风险。

22. **受到句式结构的影响**。在美国，许多公司不再询问员工是否愿意加入员工退休计划。相反，他们会询问员工是否愿意选择退出员工退休计划。我们如果是理性的，那就不会在意这个问题是用什么样的句式结构提出来的。但是确实，不同的句式结构产生了完全不同的结果。利用我们的惰性倾向，询问我们是否想退出退休计划，让我们感觉到退出似乎是一种常态。结果是，许多员工放弃了退休计划。同样，我们也可能受到介绍投资产品损益的句式结构的影响。我们可能会被告知："在过去50年里，股票在所有自然年中75%的时间都是赚钱的。"或者，我们可能会被告知："在过去50年里，股票在所有自然年中只有25%的时间是赔钱的。"这两句话告诉我们同样的事情，但第一种描述让股票投资看起来更有吸引力。还有一个典型的例子是，如果人们被问及是否在恋爱中，然后被问及是否快乐，绝大部分的人都会说他们是快乐的。但如果人们没有被问关于恋爱的问题，这时我们会发现，恋爱与否其实并不影响快乐。

快乐储蓄

就像对金钱和幸福关系的研究一样，来自行为金融学的研究也非常令人信服，因为它们揭示了一些真实的状况。当我们停下来开始认真思考时，我们会看到金钱和幸福之间的关系是多么不稳定。同样，尽管我们认为自己很理性，但我们也知道股市的震荡会影响我们的情绪，并且我们的实际支出会比计划多出很多。

怎样才能在理智的道路上一直不偏不倚地前行呢？专家发现了一系列惊人的心理错误，其中，有三个问题让我印象特别深刻。第一，缺乏自我控制，意味着我们倾向于过度开支，承担太多的债务。第二，我们对自己的投资能力过度自信，从而导致频繁交易，或者购买主动管理型股票基金并进行巨额投资，试图获得超过市场的收益水平。但这种过度自信又很容易被动摇，从而又会带来第三个问题，因为在某种程度上非常厌恶损失，所以当市场暴跌时，我们会太快改变主意。

如何才能克服这些心理错误，重新塑造我们的大脑，从而在财务管理上取得成功呢？我认为，需要控制本能并努力养成三种财务习惯，当然没有哪个是容易的：第一，变成积极的储蓄者；第二，保持谦卑；第三，训练自己，专注于研究股票的基本价值。本章的剩下部分，将专门介绍这三个关键的财务习惯。

储蓄是最重要的。即使我们能够坚持理智的投资策略去面对市场动荡，但是如果不先养成良好的储蓄习惯，从而有一笔可观的资金可用于投资，我们的投资也不会变成巨额财富。储蓄习惯并不是无缘无故出现的。当我的孩子们还小的时候，我们经常一起在邻居家周围散步。孩子们看到有草坪的大房子，以及停在门口的豪华德国轿车，就会喊："哇，他们一定很富有。"当孩子们鄙夷地看向邻居家时，我会马上用父亲的口吻对他们说："这些并不意味着他们有很多钱，而意味着他们花了很多钱。那个大房子的大部分都是用抵押贷款购买的，汽车可能是租来的，而景观设计师可能还在等着他们支付费用。"

我们会习惯把财富与财富的外表联系在一起，这也是我们的本能常常让我们犯错的另一个典型例子。几十年来，无论是在《华尔街日报》还是在花旗集团，我都遇到了许多投资组合超过100万美元的普通人。他们当中的很多人工资并不高，大多数人是普通的投资者。但他们都具有一个共同的重要特点：非常节俭，喜欢"便宜货"。我们最富有的邻居通常是拥有朴素房子和二手车的家庭。他们从不大手大脚花钱，因此攒下很多钱，他们的生活水平远低于他们所拥有的财力，并且还在努力储蓄。

这是1996年畅销书《邻家的百万富翁：美国富翁的惊人秘密》（*The Millionaire Next Door*）[51] 所描述的，作者是托马斯·斯坦利（Thomas Stanley）和威廉·丹科（William Danko）。这本书让许多人大开眼界，"邻家的百万富翁"这个短语成为描述美国社会拥有惊人财富的阶层的代名词，之所以惊人是他们的外表并非有钱人，除非能看到他们的银行账户，否则我们都不知道这些人是多么的富有。我曾经遇到的许多百万富翁，他们都怀疑，更多的财富是否让他们的生活变得更好，并且不明白为何其他人要将自尊建立在名牌服装和最新款电子产品上。

斯坦利随后写了另一本书，《邻家的百万富翁》（*Stop Acting Rich...And Start Living Like a Real Millionaire*）[52]。在2009年的这本书中，他列举了拥有百万美元或更富有的人的消费习惯数据：

- 70%的人从未拥有过游艇。
- 64%的人从未拥有度假屋。
- 最受欢迎的汽车品牌（基于当时的购买数据）：丰田。
- 外出就餐的晚餐平均支出：20美元。
- 理发的平均支出：16美元。

- 用来招待客人的葡萄酒的平均价格：13 美元。[53]

正如斯坦利所揭示的，致富的秘诀根本算不上秘密，只要我们成为积极的储蓄者。成为富人变得如此简单，好像有点儿不可思议，但这并不容易做到。截至 2017 年年底的过去 20 年，美国人的年平均储蓄率仅占个人可支配收入的 4.9%，远远低于财务专家的建议。今天的我们和未来的我们之间的较量，呈现出压倒性趋势，即今天的我们完全占据主导。如何能平衡这场较量，让未来的我们更有取胜的机会？以下的理由可能会让我们成为一名积极的储蓄者。

越早摆脱金钱的束缚，我们可以越早避免贯穿一生的财务焦虑。享受几十年的投资复合增长，实现财务自由，来追求想要做的事情，确保有一个舒适的退休生活。与此同时，正如我们在第一章中提到的，减少今天的支出，并不算很大的牺牲，因为大部分支出所带来的幸福感也并不是很多。

但这些理性的理由似乎并不能帮助到我们，因为我们太缺乏自我控制，喜欢尽可能多地花钱是人的本能。该怎么办？这里有一个两步走的策略。

第一步，我们应该保持尽可能低的固定生活开支，从而节省出钱进行储蓄，这里谈论的固定生活开支，是指一些经常性费用，如抵押贷款或房租、汽车贷款、食品杂货、水电费和保险费。特别是，我们应该关注房子和汽车方面的支出，因为这两个项目加起来一般会占到家庭支出的一半以上。如果固定生活开支太高，我们是无法节省出钱来储蓄的。我相信，很多人都想疯狂攒钱，但根本做不到，因为他们被过高的固定生活开支所禁锢。我的建议是，将你每月的固定生活开支总额保持在税前收入的 50% 以下。

第二步，我们应该尽可能不要让储蓄带来痛苦。在美国、英国和许多其他地方，最明智的策略之一，就是在雇主退休计划中，尽可能按照最高限额来缴纳。在工资到手之前，就从中支出这部分钱。这是一种典型的"先付"方式。如果我们想超过雇主退休计划允许的上限而存下更多的钱，或者雇主并不提供退休计划，我们可以设置每月的自动定投，投资 1~2 只基金，这部分资金将直接从银行账户划走。

我们也可以将每月的抵押贷款还款额增加 100 英镑左右，比如把 1 323 英镑的月供变成 1 400 英镑。我们可能还要学会节省所有的意外之财，比如退税、副业收入、保险理赔和年终奖。这些钱不是我们的日常收入，把它们储蓄起来，也是无痛的。

很快，这些习惯就会变得根深蒂固，财务积累的效应就会像滚雪球一样。投资组合的价值将会增长，我们的财务控制感将会增强。我们还将享受到三个大多数人没发现的好处。

第一，如果保持较低的固定生活开支，我们不仅能将更多的钱存起来，而且还能将更多的钱用于可选消费，比如外出就餐、度假、音乐会，所有这些都有可能带来更多的幸福感。

第二，如果我们习惯了远低于平均水平的生活开支，未来保障退休的储蓄也会少得多。一条经验法则是，退休后，我们所需要的收入是退休前收入的 80%。但如果我们定期节省 25% 的收入，而不是通常推荐的 10%，我们就会习惯比较小的生活开支，等到退休时，我们可能只需要退休前收入的 65%，就能享受轻松的退休生活。

第三，在年轻时养成节俭的习惯，将会享受到生活水平逐渐上升带来的乐趣。如果我们一开始只乘坐经济舱，当我们逐渐负担得起头等舱费用时，坐在头等舱似乎就成为一种享受。但如果我们一开始就享受头等舱呢？以后，我们不会觉得头等舱有什么特别，而且，当我们退休后，如果储蓄并不充裕，而不得不坐在经济舱时，这种体验实在会有些凄凉。

保持谦卑

这是一个伟大的投资梦想：通过努力工作积累一些社会阅历，再加上一点好运气，我们能够挑选到好股票和好基金，从而击败市场。这种梦想的力量是如此强大，以至于这个梦想成就了整个金融行业，包括投资快讯、专业基金经理、金融资讯网站、有线电视的商业频道、战略分析师、证券分析师、精品投资研究公司、金融广播节目，等等。许多人都迫切希望这样的梦想能一直存在下去，因为他们的生计依赖于这个梦想。

然而这个梦想应该在几十年前就不复存在了。在20世纪70年代之前，机构和个人投资者只是简单假设，基金经理会击败市场。在美国，如果投资者想要将他们的投资组合与市场指数进行比较，通常会使用道琼斯工业平均指数等，这类指数一般不将股息计算在内，但是从历史数据来看，股息几乎占了市场总回报的一半以上。"按照我们今天的观点，任何一种绩效衡量方法都是非常原始的。"已故经济学家、畅销书作家彼得·伯恩斯坦（Peter Bernstein）在1996年的一篇文章中告诉我们，"就像每个人的投资组合中都有债券，我们却将这些投资组合与道琼斯工业平均指数进行对比，这也太荒谬了。但没有人告诉我们这是极其荒谬的。"[54]

三大证据粉碎了专业基金经理能持续打败市场的神话。

第一，许多基金经理在1973—1974年的熊市期间，表现得很糟糕，很大原因是他们在当时的成长型股票"漂亮50"上权重过大，而这些股票在市场崩溃时受到了沉重打击。

第二，由于技术的改进，市场指数回报的计算变得相对简单，尤其是标准普尔500指数，这样投资者就能更清楚地了解他们的基金经理是否战胜了市场。

第三，也是最重要的，投资者和专业学者开始更密切地关注一群精选的基金经理，这些管理着美国共同基金的人，他们的业绩是经过审计的、可以公开获取的数据。人们发现，长期以来，这些基金经理一直在通过剔除某些表现不佳的账户，或不扣除账户管理费等方式，让他们的回报看起来比实际更好。正如华尔街专业人士常常挖苦的那样，几乎每名基金经理都声称自己的业绩是市场前25%的水平。

在美国，上述共同基金的做法是很难被审计查出的。这些数据会受到所谓幸存者偏差的影响，因为表现不佳的基金被清盘或合并到其他基金中，从而导致其不好的业绩记录自然消失了。还有孵化基金，如果表现良好，就向公众开放，如果表现不佳，就会悄悄关闭。但即使存在这些问题，基金长期以来积累的数据，还是成为学者研究的主要数据来源。一个显而易见的研究方向是，基金经理是否兑现了自己能战胜市场的吹嘘呢？答案是响亮的"不"。一项早期的学术研究分析了1945—1964年的基金表现，有115只基金的表现并没有优于买入并持有指数成分股的策略，即使把每只基金的运营费用加回来，结果也是如此。[55] 可以肯定的是，115只基金中有一些基金表现良好，但整体的结果并不比你预期的要好。

越来越多的证据表明，大多数共同基金都表现不佳，于是机构和个人投资者对指数基金的投资兴趣增长了。先锋领航集团于1976年推出了第一只美国指数基金。指数基金通过购买构成市场指数的大部分或全部股票，以复制该指数的表现。由于还有投资费用，这些指数基金大部分并没有达到完全复制指数表现的目标。但因为投资费用通常很低，所以差异也不算太大，而且肯定远低于那些主动管理型股票基金，主动管理型股票基金的年度费用要高得多。

多年来，私募基金经理和其他基金管理公司，对指数基金充满蔑视，声称主动管理型股票基金并不能代表资产管理行业，因为这些共同基金是由二流基金经理操盘的。但这种观点并不成立，许多养老基金、捐赠基金和其他机构投资者都非常关注基金经理的稳健性，但其选择的基金经理也并没有带来很好的回报，于是这些基金也开始投资指数基金。个人投资者也得出了类似的结论,近年来,指数基金吸引了数万亿美元,世界各地的投资者都不再支持主动管理型股票基金。那么那些自认为比共同基金同行更聪明的私募基金经理呢?许多人随后也开始操盘共同基金,但他们的投资结果也同样平庸。

你如果想实际去分析一下,可以查阅道琼斯公司和标普全球定期发布的报告。这项研究被称为 SPIVA 计分卡,是标准普尔指数与主动管理型股票基金(Standard & Poor's Indices Versus Active)的缩写,它将美国主动管理型股票基金与适当的基准指数进行了比较。在 10 年间,通常只有 20% 或更少的主动管理型股票基金,表现超过基准指数。[56] 对一些极度自信的人来说,或许有 20% 的机会超过市场的基准表现,听起来还不算太糟糕。

但是对希望业绩持续跑赢大盘的人来说,这是很头疼的问题。确实,历史告诉我们谁在过去赢过。但历史没有告诉我们,未来谁会赢。假设你选择在过去五年中排名前 25% 的股票基金,道琼斯公司和标普全球的另一项定期更新的研究表明,在未来五年内,这些基金中只有 25% 将继续保持在前 25%。如果基金经理的表现纯粹是随机的,你将得到这样的结论,即过去的表现确实不能保证未来的结果。[57]

对许多投资者来说,可能很难接受这样的结论。面对市场的不确定性,他们想通过投资主动管理型股票基金,带来一些可控的感觉。他们确信自己可以找到能看清市场趋势的高人。

他们有信心自己能够成功,因为他们比其他人更聪明、更努力工作。所以,他们无法接受未来是未知的事实,也难以接受,只是简单地分散化购买股票,购买指数基金,就可以让资金实现增长。

但这正是我们应该做的。投资的逻辑就是这样残酷,在扣除成本之前,投资者只能赚取市场平均回报。在扣除成本之后,整体回报将落后于市场回报。事实上,指数基金跟踪市场的交易成本等于我们主动投资发生的成本。少数主动的投资者会很幸运,今年可以击败市场,但在一生的投资过程中,不可能一直如此幸运。如果我们对投资组合进行主动管理,以期获得超过市场平均水平的回报,每年产生的成本大致为投资组合价值的 2%,这个成本基本相当于我们每年跟踪市场指数所需要付出的成本。

还有一种选择是,购买全球分散化股票和债券组合的指数基金,在减去投资成本后,获得市场平均回报。主动投资者的回报平均落后市场 2%,但指数基金可能仅落后 0.1%。通过购买和持有指数基金,保证会击败同类竞争产品,但我们也放弃了击败市场的机会。这一点可能不太令人兴奋。但投资并不意味着要令人兴奋,而是为了获得回报。

作为投资者,我们的目标不应该是打败市场,证明我们有多么聪明,或者成为镇上最富有的家庭。相反,我们的目标是攒足够的钱来支付房屋抵押贷款、孩子的教育费用和未来的退休生活。放弃击败市场的想法，谦卑而平静地持有各种指数基金的组合，将给我们更好的机会去实现这些目标。这样平和的投资者，好像不属于地球人，但确实更有可能帮助我们未来享受舒适的退休生活。

关注价值而非价格

当我们购买一只股票或一只基金时，我们相信它在未来的某个时候会值更多的钱，我们对自己的押注寄予了厚望，简直不敢想我们能赚多少钱。然而，很快，我们就回归了现实。投资可以视为两种信息间的一场较量，即我们认为的一项投资的价值和市场认为的这项投资的价值。

遗憾的是，市场常常会占据上风。它会胁迫或诱惑我们改变主意。随着大盘上涨，我们的预期也会水涨船高，想象一下，我们的股票和基金很快就会比之前预期的价值高得多。当大盘暴跌时，我们就会陷入怀疑之境，我们会思考，刚刚购买的股票未来的价值是否会明显低于我们的预期。上蹿下跳的价格搅乱了我们的头脑，让我们的信心起起落落，我们对损失的恐惧被点燃，我们会想象即将看到市场的一泻千里。

所有这些都归因于我们大脑的演化。在远古时代，模仿他人是人类学会生存的一种方式。分析各种情况，帮助我们寻找食物，预测天气变化，找出什么时候是最佳迁移时间。对损失的恐惧，使我们能够避免致命的失误。努力工作确保有足够的食物，让我们的后代能幸存下来。

在现代金融世界中，这些本能对我们不再有利。在市场中努力耕耘可能会导致我们过度交易，并产生高昂的交易费用。我们竭尽全力去争取超越市场的回报，但这也许并不能实现。模仿他人会导致我们购买一些被捧得过热、价格过高的股票。分析各种情况让我们相信自己知道接下来的市场将会发生什么，而事实上，我们所观察到的都是随机价格波动。当股价下跌时，我们对损失的恐惧会让我们做出恐慌的交易决策。

为了避免这种巨大的情绪波动，投资者有时会被告知忽视短期市场波动。但这很难做到，而且可能也会显得不够聪明。市场价格反映了数百万投资者的集体预期，其实是一个很好的价值指标。绝大多数基金经理的职业生涯，都致力于在市场上搜索被低估的股票，但他们挖掘出的股票所取得的回报可能并不足以覆盖交易成本和他们所收取的管理费，也没有击败市场。这表明，很多时候，股票、基金和其他投资标的的定价已经相当合理。

这一论点支持了有效市场假说。尽管我不同意强式有效市场假说，即证券的定价总是正确的，但是我相信，当市场效率足够高时，从长远来看，投资者是很难获得超过市场回报的。

因此我们大多数人都应该避免投资主动管理型股票基金，避免去挑选和投资个股。如果我们投资个股，其中一只股票的价格暴跌了，我们该怎么办？市场会通过这样的方式狠狠地教育我们，但是对我们而言，已经于事无补。

脚踏实地

价格和价值不一致时，会引发潜在风险。回顾 2009 年 3 月，当时标准普尔 500 指数比 2007 年 10 月的高点低了 57%。如果我们用 1 000 美元购买了一组股票，下跌后这些股票就只剩 430 美元了，如果当时抛掉所持有的股票，也未必不合理。毕竟，在短短 17 个月内，就出现如此巨大的损失，谁知道如果我们再持有几个月，股价还会跌成什么样呢？

但是，如果 2009 年 3 月卖出股票，之后将会被证明这是一个可怕的错误。这就是为什么我们需要了解股票的价值，而不是股票的价格。随着投资者情绪异常高涨，股市偶尔会过热，股价会变得太低或太高。在1949 年出版的《聪明的投资者》(The Intelligent Investor) 一书中，作者本杰明·格雷厄姆 (Benjamin Graham) 讲述了狂躁抑郁的市场先生的寓言故事。他是你的商业伙伴，他每天会告诉你，他认为你持有的股票值多少钱。你可以接受市场先生的报价，并以他的报价买卖。但你不应该让他的最新报价,成为决定你的股票价值的唯一因素。[58]

诚然,即使是专业基金经理也不能确定市场是过热还是过冷,所以作为普通投资者也很难弄清楚这些。尽管如此,我相信有三种简单的策略可以让投资者保持冷静,从而专注于基本面价值。

保持冷静的第一个策略是,我们应该像购物者那样思考。当百货公司推出促销活动时,我们会冲进去买一条新牛仔裤。但或许3个月后,会有更大的折扣优惠。我们现在冲进去买是因为价格比以前更低,同样的想法难道不适用于股市吗?

确切来说,这个类比并不太贴切。我们今天买的牛仔裤和昨天不打折的牛仔裤是完全相同的。相比之下,今天的股价要比之前更便宜,可能是因为投资者担心公司的基本面已经恶化,也可能是因为经济放缓,公司利润增长低于预期。不过,股价在一周内随随便便就下跌10%,并不能推及公司的基本面价值也会如此迅速地下降。实体经济的变化根本不会发生得那么快。

为什么一家公司的股价变化速度会快于其基本面价值?可能要归因于专业基金经理对于股票的短期看法,以及驱动市场每天波动的证券分析师和市场策略师。他们都在试图预测未来价格变化。但他们关心的未来可能是12个月以后,因为这个时间正是评价他们投资业绩以及薪酬的时间。

大多数普通投资者的投资时间都远远超过12个月。当我们看到市场普遍下跌,市场充满恐慌,反映了投资者对短期经济前景的担忧。危机不一定会转瞬即逝，但长期前景是光明的。换句话说，如果我们只关心所投公司明年的利润，也许经济衰退的前景确实证明了股价下跌30%的合理性。但如果我们展望十年，恐慌抛售可能是一种过度反应，合理的反应是趁机购买更多的股票，而不是卖出。

保持冷静的第二个策略是，当我们观察股市时，我们可能会像债券投资者一样思考。如果我们购买债券，最终回报率为5%，而不是4%，我们就会更热情地去购买债券。同样，当我们购买股票时，我们会考察每投资100英镑将获得多少回报和股息。关于股息的信息可以很容易获得。截至2018年年中，富时100指数成分股的年股息率约为3.8%，即每投资100英镑获得约3.80英镑股息。标准普尔500指数成分股的股息率约为1.8%，即每投资100美元获得1.80美元股息。

股票的回报率虽然不会定期公布，但投资者很容易计算。投资者经常关注一家公司的市盈率，市盈率就是用股价除以每股收益来计算的。当你计算回报率时，你只需倒过来计算，将收益除以股价就可以得到。比如，如果富时100指数的市盈率为20倍，它的回报率就是5%。要计算出这5%，你不需要知道富时100指数成分股的每股收益，只需用100除以市盈率，在本例中市盈率是20。

如果股市随后下跌了15%怎么办？如果只关注价格下跌，我们可能会感到不安。为了避免恐慌，我们应该考虑市场的回报率和股息率。随着价格下跌，每投资 100 英镑不仅给我们带来更多的股息，还有更多的收益。如果市场的市盈率为 20 倍，股价下跌 15%，市盈率将降至 17 倍。如果我们用 100 除以 17，我们会发现现在的回报率是 6%，而不是 5%。就像一个现在可以以更高回报率购买债券的投资者一样，我们应该对购买股票更加热情。因为每投资 100 英镑就会得到 6 英镑的收益，而不是 5 英镑。

请记住，与传统债券的利息不同，股息和回报并不固定。如果经济放缓，股息，特别是公司利润可能在短期内下降，这会使估值看起来不那么有吸引力。一个解决方案是，更少关注过去 12 个月的回报，更多关注过去 10 年经通胀调整后的平均回报。后一个回报率是希勒市盈率中使用的分母，希勒市盈率是以耶鲁大学经济学教授罗伯特·希勒（Robert Shiller）的名字命名的。

虽然股息和回报在短期内可能会下滑，但随着时间的推移，它们仍然继续增长。如果我们在 1997 年年底投资了 100 美元的标准普尔 500 指数，我们的股息率将为 1.6%，回报率将为 4.1%。这两项指标都表明，股票的估值不算便宜。尽管如此，20 年后，我们最初投资的 100 美元的股息率将增长到 5.1%，回报率将增长到 11.4%，这还是在假设我们花掉所收到的股息的情况下。如果我们将这些股息再投资购买股票，我们最初投资的 100 美元所能达到的回报率和股息率将会更高。当然，德国 DAX30 指数、英国富时 100 指数和其他国家性市场指数也是如此。

保持冷静的第三个策略是，应该更关注市场的长期表现。在第二章中，我们讨论了股市的投资性回报和投机性回报之间的区别。投机性回报是由市场市盈率的变化驱动的，而且我们没有办法预测市盈率将会如何变化。但从长远来看，这并不重要，因为推动股票投资组合上涨的是投资性回报，包括股息率的增长加上回报率的增长。在第二章中，我们谈到一个全球股票投资组合的长期投资性回报率可能为每年6%，而通胀率处于2%的水平。

当考虑股市未来的回报时，我们可能会想象股票以每年6%的速度线性上涨。但是市场实际回报的表现是非常不稳定的。有时，它将高于每年6%的增长水平，有时也低于，为此，其他投资者时而兴奋，时而悲观。如果我们更关注12个月以上时间的业绩表现，我们会在更长远的未来受益，并有可能在短期内以低价买到股票。当市场表现不佳时，我们的回报率将会跌至6%的年增长水平以下，幸运的是，回报率还是会慢慢增长回来。金融专家有时将这种现象称为"均值回归"。

6%的数字是否正确呢？我们要等多久，股票才能恢复到平均回报水平？没有人知道。尽管有这些悬而未决的问题，但至少这些冷静策略可以让我们在市场动荡时仍能保持清醒。从长期来看，推动股票收益增长的是股息率和回报率增长，这才是我们应该关注的焦点。在市场开始认识到你所投资的公司的真正价值之前，我们要做的就是坚守等待。

第四章

深谋远虑

> 关注未来开支,
> 让我们未来的
> 财务管理井然有序

— ✶ —

　　股票经纪人想要交易量，保险公司想要签下高额保单，资产管理公司想要我们购买它们发行的基金，汽车经销商想要我们租赁和购买汽车，房地产经纪人鼓励我们购买更大的房子，信用卡公司想要我们每一笔消费都刷卡，银行希望我们申请抵押贷款，人寿保险公司到处宣传人寿保险的优点。

　　所有这些公司和他们的销售人员都在争夺我们的生意，我们财务管理的各个组成部分，都被碎片化地销售。我们似乎还很认同这样的方式，因为这非常符合我们记账式思维方式。我们习惯于把财务管理简单地分为几个小类，就好像文件柜里带标签的文件夹。银行对账单在这个文件夹，保单在另一个文件夹，我们还有几个文件夹用来装房产文件、股票文件、汽车贷款、退休账户、信用卡等。可问题是，几乎没有人会想到，这些不同的部分是如何组合在一起，并构成了我们所看到的这个充满非理性的世界的。

让我们看以下这些例子。

- 年轻夫妇没有寿险,为了省钱而购买保额低又有免赔额的车险。当他们开着掀背跑车,只有最少的保险保障,一旦钻到大巴车底下,他们将会面临巨大的风险。

- 人们用信用卡贷款,并支付高达 20% 的利率,而在自己的储蓄账户中,存款却只有不到 1% 的利率。显然尽快用储蓄账户的存款,去还信用卡贷款是明智的。哪怕突然需要用钱,我们仍然可以再从信用卡中借到这部分钱。

- 很多人在一家公司工作 30 年,尽管他们非常不喜欢传统的企业固定福利的养老金计划,但他们也未必会想到,可以通过推迟领取养老金,来获得未来更高的月度领取额。在企业年金计划中,我们也看到了类似的现象。许多员工仍然习惯于传统的养老金计划,而不愿意用自己的储蓄加入企业年金计划,这部分年金将会在未来很长一段时间,为他们提供相对持续的收入。

- 有些人因为担心亏损而不敢投资股票,但是他们愿意买彩票,也愿意去拉斯维加斯度假。这是一种显而易见的非理性行为。从长远的角度来看,就赔率而言,买彩票和参与赌博一样都是必输的。相反,投资于分散化股票组合，时间越长，比如 10 年或更长时间，将会给我们带来越可观的回报。

- 很多人会在超市有促销活动时，囤一些必需品，但是他们不愿意在企业的养老金计划中多存些钱，这些养老金计划常常都是由企业和员工共同承担的。买半价商品和在养老金计划中存钱，都可以帮我们双倍省钱，并满足我们日常所需。只有建立了坚实的养老保障基础，我们才能在退休后，仍然可以去餐厅悠然享受美食。

- 每当有 5 折促销的时候，人们就会兴奋地尖叫着跑进商场；但每当股市下挫幅度达到 50% 的时候，人们会惊恐地尖叫着逃离股市。我将会在最后一章的结尾，来对比这两种购买行为，并分析细微的不同。这种现象凸显了人们在股市动荡中的糟糕反应。

我们如何才能避免这些非理性行为？如何才能在我们的财务管理中，更清楚地认识这些混乱和麻烦的情况？

我们应该从最具价值的资本开始，那就是获得收入的能力，或者是经济学家所说的人力资本。长期以来，这个概念是既让人着迷，又让人沮丧的研究领域。

在 1776 年出版的《国富论》中，亚当·斯密（Adam Smith）将"所有居民所获得的和有用的能力"列为一个国家的固定资本。阿尔弗雷德·马歇尔（Alfred Marshall）在其1890年的著作《经济学原理》中写道："在所有资本中，最具有价值的是人力资本。"

已故诺贝尔经济学奖获得者加里·S.贝克尔（Gary S. Becker）对不同教育水平的人的财务回报率进行了分析。最近的一项研究发现，美国的大学毕业生的终身预期收入比只有高中学历的人高出70%。另一位诺贝尔经济学奖获得者罗伯特·C.默顿（Robert C. Merton），以及经济学家兹维·博迪（Zvi Bodie）、罗杰·伊博森（Roger Ibbotson）和摩西·米列夫斯基（Moshe Milevsky），讨论了人力资本对个人财务管理的影响，包括我们应该持有什么样股票和债券的组合，以及我们应该购买哪些保险。[59]

对那些50岁及以上，在储蓄和投资方面做得不错的人来说，他们最具价值的资产可能是他们的投资组合。但对年轻人而言，他们拥有的其他资产，相对于自身的人力资本的价值，可能都是小巫见大巫。

在超过40年的职业生涯中，我们每个人的人力资本带来的回报，用目前的美元价值估算可能会超过200万美元。我们应该好好利用这一巨大的收入流水，围绕其来设计我们的理财规划。

这种方法有三个关键优势，将会在下文进行讨论。第一，通过考虑可能的终身总收入以及所附带的条件，我们可以更好地进行财务管理的决策和取舍。第二，通过关注人力资本的收入，或人力资本的不足，我们可以建立更明智的投资组合，股票和债券的组合加之人力资本收入，使得回报相对可预测。第三，通过有序规划各项开支，可以让财务管理更理性，包括购买哪些保险和如何处理债务。

—— ＊ ——

取舍与平衡

大部分人都有自己的财富梦想清单，比如大房子、豪华轿车、度假屋和充足的子女教育金。但是我们无法同时负担所有，那么应该优先考虑哪一项支出呢？这些清单项并不冲突，尽管从时间先后来看，退休规划可能是我们最终的财务目标，但我们应该永远把它放在第一位。

为舒适的退休生活攒够钱，是我们一生财务管理的重要任务。当我们还在工作的时候，我们就需要用人力资本带来的收入，不断积累形成财务资本，使得我们在退休后还能生活得很好。为了这个目标，年轻人还需要用 30~40 年，攒下每年税前收入的 15%。

退休规划并未受到我们的重视，很大程度上是因为我们太专注于眼前的目标，而缺乏长远的规划。我们可能会努力在 30 多岁时购置房产，而在 40 多岁时，我们的焦点又转移到孩子的大学教育上。直到 50 多岁，我们才想起退休规划，但为时已晚，因为我们只剩 10 多年的职业生涯，无法攒出足够的钱以满足舒适退休生活需要。为了避免未来退休生活质量的恶化，最大化获得长期投资带来的好处，我们需要从现在就开始规划目标，而不是以后再说。换句话说，即便我们正在着手完成当下的各个清单项，我们也应该为未来退休储蓄和投资。

理财顾问有时会为客户创建资产净值报表。通过汇总客户的资产价值，再扣除负债，就得到客户的资产净值。资产一般包括投资、房地产。负债一般包括房屋抵押贷款、车贷、信用卡贷款、学费贷款和其他债务。当然，资产和负债的定义也可以更宽泛一些，比如资产可以包括我们未来的退休金、企业年金和我们的人力资本。负债不仅包括贷款，还可以包括我们未来的各种目标花销。

各种目标花销需要多少钱呢？在 2018 年年初，按照英国房价指数，英国现房的平均售价略高于 22.5 万英镑。在英国读三年大学的非学费项目的平均开支超过 4.1 万英镑，而学费至少再花去 2.7 万英镑。这些开支看起来很大，但是和退休生活开支比起来还差很远。

假设我们的退休开支是每年 3 万英镑，每年我们可以从政府退休金中获得 1 万英镑，另外的 2 万英镑则来自储蓄，假设每年从储蓄中提取 4%，我们需要至少 50 万英镑的储蓄投资组合才能满足。[60] 在财务管理的目标中，足额的退休金不仅仅是一大笔钱，而且还具备两个特点，第一个是刚性支出，第二个是无法用当期的收入来满足当期所需。

家里的顶梁柱经常被告诫,要为子女留出教育金,也要为买房攒一大笔钱,包括过户费用和首付款。但最终,无论是大学教育还是房子,大部分的支出通常都是用当前的收入来支付的。我们拿到抵押贷款,通过 30 年分期付款买到房子。通常每月房贷还款金额并不比每月的租金高出多少,所以当我们从租客变为房主时,其实并没有增加太多额外的开销。同样,家庭要准备一部分储蓄来支付子女的大学教育,但通常是用当期收入来支付当期所需,比如支付账单和偿还贷款。在这些支出以外,根据家庭的收入和资产状况,其子女也可能会获得财务援助以帮助支付大学的费用。

相比之下,我们不能用日常的收入来支付退休费用,因为等到那时,我们可能已经没有稳定的日常收入了。不要误会我的意思,如果你愿意并还有能力,我是支持到 65 岁以后还继续工作的。并且,延长工作时间也确实有助于长寿。[61] 我想工作年限延长的现象会越来越普遍。对那些退休储蓄不够的人来说,这也是必要的。从事兼职工作至少会给退休生活带来一些目标感,还能缓解一定的经济压力。如果我们每周工作几天,每年都能赚取 16 000 英镑,基于每年 4% 的提取率,我们用于退休的储蓄则只需要 40 万英镑。

有些挑剔的人可能会反对:退休以后还继续工作并不是真正的退休。其实,这取决于我们如何看待退休,为了获得退休的幸福感，显然我们不能再做那些为别人卖命的工作。正如在第二章中谈到的，我希望工作与退休之间的差别变得模糊一些。

我的观点是，退休应该被重新定义，它不应该被视为一种在劳苦工作40年后开始放松的机会，而应该被视为一种接受新挑战的机会，而且无须太过担心收入。我们甚至可以实行分阶段退休。随着我们财富的增长，我们逐渐实现了财务自由，让我们可以投入更多时间到愿意做的工作上，而不聚焦于这份工作给我们多少钱。我们可以在40~50岁时，从事一些哪怕不太赚钱只要工作时长短一些的工作，这样我们就可以把更多的时间花在我们所热爱的事情上。在60多岁时，我们可能会更进一步，只从事兼职工作，工作不再是为了钱。

虽然分阶段退休对很多人来说太过于理想，但这并不是不可能的，这取决于你的工作性质和一些条件限制。毕竟，退休有一些特点：非可选的或者说是刚性的。人们为房产奋斗，父母为子女大学教育经费奔忙，这些固然很好，但我们并不是必须拥有一套房子，也并非必须负担子女的大学教育。

相比而言，在生命的某个阶段，我们大多数人都必须支付退休费用。在过去几个世纪，人类的预期寿命难以预测，但现在技术早已进步。美国卫生与公众服务部的数据显示，目前20岁的美国人有85%的概率活到65岁。英国国家统计局的数据显示，英国的这个数字接近90%。因此，如果不为退休而攒钱，就对未来的自己太不公平了。[62]

我遇到过一些人，他们希望一直工作到死。虽然令人钦佩，但我认为这并不现实。或许未来，我们的老板会迫使我们不得不退休；或许未来，我们的健康状况不佳使我们无法工作；或许未来，我们醒来后发现我们根本没有精力去办公室。所以，大概率我们将会退出有偿的工作，而就在这个时候，我们需要一大笔储蓄来维持我们的生活品质。

我的建议是，使用在线计算器，假设一个合理的回报率，然后计算出你每年需要为退休攒多少钱。例如，你可以在网上找到退休计划师软件。在退休前和退休期间，使用4%的年回报率和2%的通胀率，这低于我估计的全球分散化股票投资组合的6%年回报率，因为你可能会有部分债券投资。此外你需要考虑投资成本，最好估计得合理一些。

如果你发现自己的储蓄已足够退休，你应该如何利用剩余人力资本所产生的收入呢？这取决于你的选择，你可以选择更大的房子、更豪华的汽车、更美的度假小屋或为孩子考虑私立学校。但是，在你确信自己已经可以实现舒适的退休生活之前，你不应该在这些目标上投入过多金钱。

成就自我价值

有没有在 40 年中持续盈利的投资方法呢？大多数投资者可能会立即想到，"哦，你说的是债券"。简而言之，这就是如何看待未来的现金流流入。可以肯定的是，人力资本和债券之间有重要的区别。如果运气较好，我们会在职业生涯中升职加薪，而债券投资者通常不会享受收入的增加。如果运气不好，我们又可能会失去收入来源，比如偶尔性失业，并且不能很快找到新的雇主。另外，当债券到期时，投资者会获得债券的票面价值，但我们的人力资本没有任何票面价值。

尽管存在上述差异，但两者的相似之处更多，人力资本的收入类似债券收入，会影响我们的投资方式。在 20 多岁时，未来我们还有 40 年的工资收入，相当于有一个巨大的债券头寸。我们不需要从投资组合中定期取钱，因为我们有工资来覆盖生活成本。这使得我们可以对股票进行投资，目标是获得健康的、可以跑赢通胀的回报。这些回报会使我们攒退休金的过程变得容易很多。如果股市崩溃了怎么办？当我们身处职场的时候，股市的暴跌可能会令人不安，但基本不会对我们的生活水平产生强烈影响。因为我们还有人力资本的收入，并不用卖出股票来购买日用品和食物。

市场下跌可能也不会对我们的净资产总额造成太大的影响。假设我们遭受了类似2007—2009年市场崩溃的情形，富时100指数、日经225指数和标准普尔500指数大幅下跌，使得股票投资组合市值迅速蒸发，但这几乎不会影响我们的资产总额。因为我们的资产包括很多类型，除了我们的人力资本，还可能包括我们的房子、来自雇主的养老金、债券和现金上的投资以及未来的政府退休金。市场的崩溃——被电视新闻、报纸头条和社交媒体放大的情绪化所影响——可能会让我们对自己未来的财务状况感到恐惧。但其实，在股票和基金之外，我们拥有更多。

一旦退休，没人给我们开工资，所有这些情况都会发生变化。我们的人力资本"债券"不再为我们带来固定收入，此时，我们可能很难乐观面对金融市场的暴跌。股市下挫可能会对我们的支付能力产生毁灭性的影响。这就是为什么，当接近退休时，我们应该把大约一半的投资组合从股票转向债券。当我们想精确计算投资组合中债券的比重时，我们应该考虑其他三个类似债券的收入来源：政府退休金、雇主的养老金和购买的年金险。如果这些项目能支撑每月大部分的退休支出，我们就更没必要在投资组合中还保留较多的股票投资,这将会是有风险的。

向债券组合进行转移有两个好处。第一,债券通常比股票产生更多的稳定收入,所以我们会有更多的投资收入来替代人力资本收入的缺失。第二,更重要的是,我们将有一个应对股票市场动荡的缓冲区。一旦退休,为了产生足够的支出资金,我们可能需要经常出售投资组合的份额,以补充投资收入、政府退休金、雇主的养老金和任何形式年金收入的不足。如果我们遭受了股市剧烈下跌的打击怎么办?好在是我们有一个平衡的投资组合,我们总是可以通过出售投资组合中的债券资产,来获得收入以满足开支,因此没必要恐慌。

这种按照生命周期来构建投资组合的方法,对大多数人来说都受用,但请记住两点附加说明。

第一,在职业生涯中,一些人的收入将比其他人的更像债券。比如你是一名教师,你就非常清楚一年后的收入会有多少。如果你是一名收取佣金的销售人员,收入就远没有那么确定。所以,对于从事教师职业的人,可以配置更多股票,而对于那些依靠佣金收入的人,则可以配置更多债券。

第二,由于人力资本占总资产的很大一部分,我们应该小心,不要在这部分资本上重复投资。比如,科技公司的员工应该在购买科技股之前三思而行。医生应小心投资制药和医疗器械公司。房地产经纪人应避免投资房地产股票和租赁物业。也就是说，我们应该把对雇主及其行业的投资保持在最低限度。

我们可能会对比较熟悉的投资领域感到舒服，我们甚至可能会觉得我们的工作能增加我们对投资的额外了解。但现实是，即使一家公司在蓬勃发展，也并不意味着它的股票是一个优质投资标的。很可能其他投资者也注意到该公司正在繁荣发展，其令人兴奋的前景已经完全反映在公司的股价上了。更重要的是，我们的舒适感和一些对公司的独到见解，反而会让我们忽视巨大的风险。如果我们大量投资雇主的股票，当公司经营困难时，我们可能会遭受双重打击，不仅会失去我们的工作，还会失去一大笔储蓄。

以上关于人力资本以及投资组合保值增值的讨论并不能说服一些读者。如果股票市场持续低迷几十年，20多岁的我们会不会在股票市场上押注太多？"时间分散化"的概念在学术界引起了激烈的争论。如果市场回报是随机的，我们无论坚持多久，都不能保证股票回报会超越债券。事实上，随着时间的流逝，我们的回报最终会偏离我们的想象，因为好年份和坏年份的影响叠加在一起，导致结果被放大。例如，我认为股市年平均回报率为6%是合理的，这意味着40年内的累计回报率将超过900%。但如果这40年中有3年是25%的负回报，而不是6%的正回报，累计回报率将只有264%，相当于平均每年的回报率才3.3%。[63]

这听起来可能令人不安，但看起来也不是大问题。当我们开始工作的时候，大多数人都还没有进入股市，也不会一次性买入所有股票并坚定持有，寄希望于股市在未来40年里保持良好。相反，在这40年里，我们只是在每个月购买小部分的股票。如果股市在这40年里产生更高的回报，我们可能会积累更多的财富。然而现实的回报率可能不会像这个例子般平滑，因为我们每个月都会以不同的价格购买股票，有些时候价格高，有些时候价格低。此外，表现糟糕的市场行情可能对我们有利，因为它将使我们能够以更低的价格购买股票。

最重要的是，关于时间分散化的争论，来自市场波动是随机的假设。从短期结果来看，随机假设似乎是合理的。但从长远来看，常识表明，在没有世界末日的情况下，市场应该向均值回归。如果今年股市"跌跌不休"，股价下跌的速度快于股息率和回报率，股票就会变得越来越具有投资价值。股息率和回报率在短期内会下滑，但它们会逐渐回归，恢复增长。在某个时候，一些关注低价股的投资者就会开始注意，他们的购买力将会推动股价上涨。

适时贷款

为什么大学生承担大量的学生贷款是合适的呢?为什么有这么多的企业会给员工提供伤残险?为什么银行很乐意给28岁的年轻人放出20万或30万英镑的贷款,使他们能购买人生中的首套房产?为什么保险公司会劝说新婚夫妇去购买人寿保险?这一切仍然与我们的人力资本有关。

当政府向学生放出贷款,或者银行向年轻购房者放出贷款时,他们知道大多数借款人有能力偿还贷款,因为借款人有未来几十年的工资作为保障。这是一桩双赢的交易:贷款人收取利息,而借款人可以购买他们本负担不起的商品。如果买什么都要付全款,我们中的许多人都很难负担得起大学学费,要等到40岁或50岁才能买得起人生中的首套房产。贷款可以在我们的有生之年,使收入与支出变得平滑,而在过去,我们不得不先攒足钱,才能去购买某件物品。贷款会带来巨大的好处。通过贷款支付大学学费,我们可以增加未来的潜在收入。通过贷款，我们可以在20~30岁的时候购买一套房子，从而可以更早地拥有房产，未来还本付息后，该房产会成为我们的重要资产。

但是，我们应该小心，不要过度使用这种平滑效应。如果我们在20多岁时贷款购买豪华轿车，我们将享受不到随着生活水平上升所带来的生活乐趣。所以，更好的选择是在20多岁时购买低端汽车，等到我们50多岁开上豪华轿车，这样的心境将格外不同。

我们还需要小心，不要贷太多款。我们所担负的贷款数量应该参照我们未来的预期总收入。根据美国许多银行所使用的债务比率，申请抵押贷款的人，应该将每月还款金额限制在每月税前收入的36%以下。例如，一个月赚5 000美元的人，每月还贷总额不能超过1 800美元，这包括汽车贷款、最低信用卡还款、学生贷款、房屋抵押贷款以及财产税和房屋保险。

即使设定了每月贷款和收入的比例上限，我们也应该力求在领到最后一笔工资和退出职场之前，还清所有的债务。比如，我们想在40多岁的时候换一处更大的房子，我们应该认真考虑，15年或20年期限的抵押贷款是否更合适，这样在我们退休前就可以还清全部贷款。如果我们选择30年期限的抵押贷款，虽然每个月的还款额少了一些，但是当我们退休时，想还清全部贷款可能要支付额外的成本，从而迫使我们降低生活开支，来满足未来养老所需。

无论如何，偿还贷款都是一项明智的投资。我们应该把贷款看作付息的债券。当我们购买债券时，我们借钱给别人，作为回报，他们会支付利息给我们。当我们贷款时，角色会逆转，其他人借钱给我们，我们需要支付利息。因为相对于政府组织和大公司，个体的信用要低一些，所以通常我们的贷款利率要比我们所购买的债券利率更高。一个明显的结论是，与购买债券和其他产生利息的投资相比，不如积极偿还贷款，这更明智。

通过将贷款视为付息债券，有助于我们降低整体财务风险。想象一对兄妹，都有 50 万欧元的投资组合。哥哥有 30 万欧元的股票和 20 万欧元的债券，而妹妹的 50 万欧元则完全投资于股票市场。只考虑他们的投资组合情况，可能妹妹的财务风险更高，但如果妹妹没有债务，而哥哥有 20 万欧元的抵押贷款呢？我们从哥哥的 20 万欧元债券投资中减去他的 20 万欧元抵押贷款，则他的净债券仓位是零，所以他的财务状况和妹妹一样有风险，也许风险更大，这取决于他们的净资产、工作状况、负债和其他因素。

假设哥哥的债券存放在普通应纳税账户中，则卖掉 20 万欧元的债券来偿还抵押贷款最为明智，因为他支付抵押贷款的利率会高于他拿到的债券利率。

我们都在默默盘算心理账户，将抵押贷款与房屋联系起来，将汽车贷款与轿车联系起来。一旦我们有了这些债务，就相当于在我们的理财规划中增加了杠杆。让我们再看看哥哥的财务状况，50万欧元的投资组合和20万欧元的抵押贷款。假设他用抵押贷款购买了30万欧元的房子。这位哥哥实际上拥有80万欧元的资产，包括房地产、股票和债券，其中1/4的资产是用借来的钱购买的。如果他意识到自己在用借来的钱赌股票时，可能会感到震惊，但这正是他在做的事情。

这位哥哥是否承受了过高风险，在很大程度上取决于他的人力资本，其工作和收入的稳定性，将决定他可以承担多少债务以及什么类型的债务。

如果这位哥哥是一名公务员，他的工作会相当稳定且收入也可预测，在人力资本上就不涉及太高风险，所以他可以承受相对高的投资风险，包括较多配置股票，量入为出地承担一定负债，还可以选择可变利率的抵押贷款，这种贷款的利率较低，但未来的月供也会随利率的变化而变化。相反，如果这位哥哥在一家金融公司从事交易岗位的工作，他的人力资本就包含较高风险。交易员经常在市场低迷时被解雇，所以这位哥哥应该在他的投资组合中持有更多的债券，保持较低的债务收入比，并采取固定利率的抵押贷款方式。

无论哥哥是交易员还是公务员，如果没有国家医疗保障，他都应该有商业医疗险，而且他可能需要寿险和伤残险。这些都能缓解我们人力资本的风险。我们如果生病了，不仅可能无力支付医疗费用，还可能影响我们的工作，所以拥有医疗险至关重要。

那么我们是否应该购买伤残险和寿险，以防范家庭风险？这在很大程度上取决于净资产和家庭状况。如果有足够的钱支撑我们今天就退休，我们可能不需要伤残险，尽管一场疾病或事故可能让我们无法工作，但我们的经济状况仍然正常。同样地，如果我们有足够储蓄来退休，或者没有人在经济上依赖我们，我们也可以不购买寿险。但如果储蓄不多，我们就应该购买伤残险。如果不仅储蓄不多，还有家庭成员需要我们来养活，那我们肯定需要购买寿险。在下一章里，我会讨论更多关于保险的内容。

晚年愉快

收入能力就像是一根绳子,把我们金融生涯中的不同部分串联起来。当我们试图从整体财务蓝图的角度来把握时,有以下三个与人力资本密切相关的重要概念。

第一,当我们密切关注整体财务状况时,我们不应该忽视这个财务技巧——控制支出的能力。假设我们退休后,金融市场大幅下跌,导致我们内心焦虑。我们可能会想出去玩一玩,来缓解投资组合带来的心理压力。但通常更为明智的做法是坚守股票和债券组合,削减支出,减少从投资组合中提取的金额,比如取消今年的海外度假计划,而去国内游,再开一开旧车,而不是换成最新款的车。如果我们保持较少的固定支出,包括我们每月支付的抵押贷款或租金、汽车贷款、水电费、保险费、日用品和其他经常性支出,我们控制支出的能力将变得越来越强。

第二,如果要在未来很长一段时间管理好我们的财务状况,我们应该努力确保自己有个健康的好身体。抽烟、酗酒、缺乏锻炼,都有可能缩短预期寿命,当然好处是我们不需要那么多钱来退休了。你可能会不高兴,但如果你每天抽两包烟,还想最大化你的退休金回报,这合理吗?

第三,当我们开始考虑资产和负债,我们不应该忽视父母、伴侣和孩子。家庭无价,当我们陷入财务危机的时候,家庭可以帮助我们走出困境。强有力的家庭后盾,可以让我们少准备些紧急备用金,也可以接受保险合同中更高的免赔额。

但家庭也意味着一种责任。在我们结婚之前,要慎重思考自己的责任。如果到了离婚的那一天,更是要慎之又慎,因为这会造成一半的资产损失。当我们的父母或孩子陷入财务困境时怎么办?毋庸置疑,我们会伸出援手。这就是为什么我们要和年迈的父母讨论他们的财务状况,为什么我们要尽全力培养有财务责任感的孩子。

正如我在第三章中提到的,好的储蓄习惯是财务成功的关键。如果有什么财务技能值得我们向孩子灌输,那一定是延迟满足的能力。这种能力不仅仅是鼓励孩子们省下零花钱去购买大件物品。当我们告诉孩子,只有完成钢琴练习,才能去玩,或者是只有吃完午餐,才能吃巧克力棒,这都是在教他们延迟满足。

经常和孩子一起讨论财务话题也是有帮助的,但更重要的是,我们自己言传身教,传递优良家风。我们应该告诉孩子我们是如何在 20 多岁就开始省钱和储蓄的,这样他们也会学着从踏入职场开始,节省开支和储蓄。

当我还在《华尔街日报》工作的时候,我每天都会收到很多读者的邮件,吹嘘他们是如何实现 40 岁退休的。我一般会很快回复,并问他们一个问题:"你有孩子吗?"答案几乎都是"没有"。有孩子的人会晚些退休,因为容不得犯任何错误。这本书献给我的两个孩子和两个养子,这四个孩子中有两个都还没有挣钱,还有两个孩子有部分负债。这四个孩子丰富了我的生活,而对于我的银行账户呢?却未必带来那么多。

第五章

不输，就是赢

> 想增加财富，
> 就尽量减少损失

——✶——

理财成功的含义是什么？有些人可能会因为取得一些成绩而自我得意，比如，比同事攒了更多的钱，击败富时 100 指数、标准普尔 500 指数，在朋友中拥有最好的电子产品。但这些只是吹牛的谈资而已，一旦目标达成，成就感就会迅速消失，所以人生目标不是财富。

相反，真正的目标是有足够的钱过上我们想要的生活。我所渴望的生活无疑与你想选择的生活是不同的。但在我们的愿望清单中，可能会有些相同的项目，比如，我们想要多一些时间和家人在一起，我们期望外出旅行，与朋友聚餐，去海边度假，我们希望全身心地投入热爱的生活中。我们想拥有这一切美好而不用经常为钱所困。

如果财务自由是最重要的目标，那财务该如何规划是显而易见的。除非我们相信还有下辈子，否则我们只有一次机会，来完成从出生到死亡的人生历程。因此，任何在财务管理上的贸然试错，都是很不慎重的。相反，我们应该追求有很高成功率的财务管理策略。一旦积累了足够的钱能支付未来的生活所需，我们就应该谨慎地守住赢家的位置，不要去承担不必要的风险，不要让唾手可得的成功功亏一篑。

在第三章中，我提到了抛硬币赌注。如果我们正确猜出硬币的正反面，就赢 100 英镑；如果错了，就输掉 100 英镑。这是一个公平的赌注，而我们却回避它。为了说服我们冒险下注 100 英镑，这个游戏的奖金可能至少需要 200 英镑。这表明，我们从损失中感到的痛苦，要远远超过从收益中获得的快乐。经济学家认为这是一种非理性心态。

也许我们非常厌恶损失，或者说，至少是有点厌恶损失。我们在 50 : 50 的成功或失败概率的游戏上押注，如果运气在我们这边，我们可能会致富，这很有吸引力。如果我们下了这样的赌注，却没有那么幸运，我们可能永远没有足够的钱来满足退休所需，这将是一场彻底的灾难。即使赚钱或赔钱的风险相等，但后果大相径庭。

不要误解我的意思，我并不是主张投资者要规避所有的风险，只能把钱存入银行储蓄账户。这样做虽然会使我们免受短期损失，但也将使我们受到通胀的影响，而且也不太可能产生足够的收益，来支付舒适的退休生活。为了积累所需的财富，过上想要的生活，大多数人至少应该投资一些股票。但我们即使努力提高净资产，也需要集中精力，尽量减少不必要的损失。哪些损失呢？我们在这里讨论的，不仅是那些吞噬财富的高成本项目，还包括那些可能危及我们未来财务状况的重大威胁。花时间研究损失最小化，要比追求超额回报给我们带来更大收获。

通常，当我们考虑调整投资组合时，我们会问自己这样的问题："现在是购买股票的好时机吗？"但这是一个错误的问题，因为问题的回答是基于未知的事情，即对市场短期方向的判断。相反，我们应该换个问法，来询问风险和投资成本。"要调整投资组合，会在投资支出和税款上产生多少成本？考虑到未来可能的但不确定的回报，这个成本是合理的吗？它将如何影响整个投资组合的风险水平？如果投资失败，我能承受财务上的影响吗？"

我们无法控制市场的涨跌，也没有绝对可靠的策略使我们的表现优于市场平均水平。但这并不是说我们的投资组合是不确定的，或者说我们的理财规划是不确定的。我们可能没有一个用来预测未来的水晶球，但仍然有三个重要的财务杠杆可供使用。正如在第四章中所讨论的，我们可以控制支出和储蓄的比例，而这通常是我们取得财务成功的关键。

同时，我们不应该忽视另外两个关键因素。我们可以控制自身承担的财务成本，包括基金管理费用、交易成本、税款、保险费等。我们可以通过谨慎地建立投资组合以及购买保险，来控制所面临的财务风险。

—— * ——

切勿因小失大

财富的减损有两种方式：缓慢地和快速地。让我们从缓慢地减损开始，比如 1 000 次微小减损。典型的例子是交易成本和税款，这就是对财富的一种无声的减损。

在第三章中，我谈到过跟踪市场的指数基金。假设过去 40 年来，我们定期将资金存放在一个广泛的股票市场指数基金中。根据先锋领航集团创始人约翰·博格的计算，我们将比那些投资于主动管理型股票基金的投资者多实现 65% 以上的回报，这类主动管理型股票基金有着更高的管理成本、更高的管理费和更高的现金持有比例。这些基金所持有的现金，可能反映了基金经理的看跌情绪，也可能是基金经理暂无良好的选股想法，但也为投资者赎回提供了资金流动性。

总而言之，博格计算，主动管理型股票基金，每年的投资总成本可能达到 2.27%，相当于每 100 美元的投资额需要支付 2.27 美元的成本。相比之下，一只跟踪美国整体股市的指数基金，每年的成本可能仅为 0.06%，即每 100 美元的投资额只需要支付 6 美分的成本。[64] 债券指数基金和主动管理型债券基金之间的投资总成本差异较小，但结果仍然类似。从长远来看，投资指数基金可能会积累更多的财富。

如果以获得超过市场平均回报为目标，这些主动管理型股票基金每年 2% 左右的成本也不算太高。但是否真的可以打败市场，就很难说了，原因一方面是管理成本的拖累，另一方面是交易活跃的基金经理很难发现被低估的股票。此外，2% 的投资成本，看上去并不算多，但在股票投资年总回报率只有 6% 的情况下，这意味着，管理成本占潜在回报的 33%，这个比例让人感到震惊。

博格估算的 65% 投资性回报差异，是针对退休账户投资者，而且这个数字忽略了税款的影响。主动管理型股票基金产生的应税额，往往比指数基金大得多，因为基金经理常常调仓，以博取超额回报。这样的交易方式会导致主动管理型股票基金在每年都产生大量的资本利得，作为应纳税收入，投资者必须为此纳税。比较而言，大多数指数基金每年会产生很少或根本没有资本利得，因为它们对投资组合的调整不活跃。博格认为，如果投资者对一只指数基金进行一次性投资，然后持有 40 年，考虑税款，该投资者将比投资于主动管理型股票基金的投资者，多出 175% 的财富积累。在其他对投资回报征税的国家，主动管理型股票基金的所有者，都可能会发现自己处于类似的劣势中。

投资者本身的行为可能会使这一切变得更糟。不仅仅是因为投资者可能在错误的时间进出股市，而且频繁的交易会带来巨额税款，这对财富积累的影响就像在伤口上撒盐。即使投资者拥有指数基金，也会产生一定的年度应缴税款，如果投资者快速频繁地交易这些基金，也会产生资本利得，从而给自己带来巨额的应缴税款。

但这并不是说，买基金不如买股票。目前有充分的证据表明，普通投资者涉足个股投资是无法获得任何好处的。[65] 还有很多方式会让我们慢慢陷入财务的死局：从当地银行获得抵押贷款，而不是在互联网上搜索提供最低抵押贷款利率和最低费用的贷款人；使用信用卡延期还款服务，而后支付过高的利息费用；在雇主的养老金计划中不足额投入个人部分，从而也得不到雇主匹配投入的那部分养老金；在开立储蓄账户时，不会货比三家寻找储蓄利率更高的银行；从投保过的保险公司购买新车的保险，而不是从各家公司获取报价进行对比；一再透支银行账户，每次都不得不担负银行费用。

把指数基金与主动管理型股票基金进行对比，是具有启发意义的，因为不仅存在成本的差异，还存在风险的差异。想象一下，我们正在试图确定一种投资策略，如果简单地购买并持有低成本的指数基金，我们就能持有全球分散化的股票和债券组合。具体来说，我们买入指数基金就等于买入全球投资集合，每只股票和债券以及每个国家的投资金额反映了相应的市场权重。本质上，我们是在追随数百万名投资者的集体智慧。他们做了极大努力，试图弄清楚股票和债券的真实价值，然后每次用实际的买卖行为，对价格进行投票。而我们通过指数基金，可以直接从他们努力工作的成果中受益，而不产生任何额外的成本。

然而，许多人都有一丝幻想，我们可能会觉得自己比其他投资者的集体智慧更聪明，因此开始偏离全球指数投资策略。偏离越远，在投资成本和税款上支付的费用就越多，我们可能会让自己处于缓慢陷入财务死局的过程中。历史告诉我们，我们几乎不可能挑选出战胜市场的投资组合，从而让投资组合产生的回报超过对应产生的成本。在第三章中，我们阐述了这一失败背后的残酷逻辑：在考虑成本之后，投资者的盈利难免会减少很多。有些人可能会幸运地打败市场，但大多数人都难以做到。

还有一个相关的但更令人担忧的问题。当我们偏离全球指数投资策略时，不仅会造成较高的投资成本，还会增加组合回报远落后于市场平均水平的风险。我们的组合偏离市场投资组合越远，出现糟糕表现的风险也就越大。在金融术语中，这被称为"跟踪误差"。这是一种隐形的风险，会导致潜在的重大财务损失，尽管听起来只是一个小事故。

想象一下，把我们财务资产的未来押在主动管理型股票基金上。每年可能比低成本的指数基金多支出约 2% 的费用。低成本的指数基金与主动管理型股票基金的回报差距，不仅会反映在费用上，如果时运不济，我们选择的主动管理型股票基金或押注的市场板块的落后差距还会远远大于 2%。如果被远远甩在后面会怎样？这时，陷入财务死局不再是个缓慢的过程，相反，就像俄罗斯轮盘赌导致的死局那样，这个过程将是非常快速的。

警惕满盘皆输局面

俄罗斯轮盘赌是一种游戏，将一颗子弹放入左轮手枪，旋转装好子弹的转轮，用枪指向你的太阳穴，再扣动扳机。如果有6个弹槽，5个是空的，大概率你还活着。尽管从概率上看，活下来比较容易，但没有一个理智的人会认为这是一个低风险的游戏。人生的财务管理难道不是类似的吗？我们这里讨论的潜在的灾难性风险，暴露于其中会给我们的财富造成极大损失。以下是一些有关潜在的灾难性风险的噩梦般场景。

- 突然瘫痪，不能工作，而且没有多少储蓄，从来也没买过伤残险。无法想象，有什么是比遭受瘫痪更危险的事情？请记住，绝大多数瘫痪是由疾病引起的，而不是事故。
- 增持了雇主的股票，结果雇主成为下一个美国国际集团、贝尔斯登、安然、雷曼兄弟或世界电信，这些大公司，都在 21 世纪前十年中面临崩盘。
- 承担家庭顶梁柱责任的配偶突然去世了。既没有寿险可以领取，也没有很多储蓄，但留下了三个孩子和一笔巨额抵押贷款。
- 强劲的股市激发了我们的信心，增持了股票，然后像 2007—2009 年那样的暴跌重演，当股价跌到只剩下一半时，又恐慌抛掉。
- 把储蓄都投入用于出租的房产，但经济陷入衰退，我们失去工作，房子也找不到租户，收不到租就无法偿还抵押贷款，最终丧失抵押品的赎回权。
- 没有医疗险，但被诊断出癌症。
- 把所有的资产都押注在一个国家的股市上，而这个国家将成为下一个日本。在 1989 年年底，日经 225 指数创下历史新高。此后 30 年，日本股市都远低于 1989 年的水平。① 难道这种情况不会发生在美国、英国或其他主要市场吗？遥想 1989 年，没有哪个经济体比日本更受推崇了，雄心勃勃的西方商人经常被劝说去学习日语。

上述策略的问题是，尽管我们能坚守多年，但完全忽略了

---

① 2024 年 2 月 22 日，日经 225 指数收报 39 098.68 点，时隔 35 年再创历史新高。——编者注

所承担的风险，甚至认为自己相当聪明。然后有一天，"嘭"的一声！我们的财务状况回到 10 年或 20 年前。这就把我们带到 17 世纪的哲学家和数学家布莱士·帕斯卡（Blaise Pascal）提出的，后来被称为"帕斯卡的赌注"中。在帕斯卡看来，相信上帝是合理的。如果我们相信上帝，但结果证明没有上帝，我们也并没有失去什么，只是每个星期天跪下一个小时而已。尽管这么说不太尊敬，但如果我们不相信上帝，结果证明上帝确实存在，那代价就会高很多，未来可能要永远在地狱里煎熬了。[66]

换句话说，我们应该少关注成功或失败的可能性，而更多关注后果。也许我们没有健康险或伤残险也可以安然无恙。也许我们持有一些热门股或低首付以租养贷房产也能活得很好。也许我们会在俄罗斯轮盘赌上反复地赢。但只要一次损失，我们健康的财务未来很快就会陷入死局。

我们如何才能避免陷入这种财务死局呢？这一切都是关于风险管理的内容，即我们需要购买正确的保险，并谨慎投资。

充分分散风险

理财规划师经常告诉我，客户常会拒绝订立遗嘱，因为这不太吉利。在保险销售的过程中，这种忽视风险的态度很常见。大多数人购买房屋保险，是因为抵押贷款公司的要求，而购买车险也是因为政府的要求。

在美国，没有人可以强迫别人购买寿险、伤残险、健康险、伞式责任险和长期护理险，所以许多美国人会忽视保险，或许是因为他们压根儿就没想过，或许是因为他们觉得不吉利。但也许，是时候考虑这些不愉快的事情了。假如我们明天就死了，或者残疾、被起诉、需要居家护理，我们的家庭将如何应对？我们可能不会考虑购买伞式责任险，因为资产很少，所以认为没有必要。同样，我们可能也不会考虑购买长期护理险，因为并没有多少储蓄，因此宁愿高高兴兴地把这点钱花掉，然后依赖政府。但对许多人来说，法律诉讼和家庭护理的成本将越来越高，购买保险将是明智的选择。

越来越多的人会需要寿险和伤残险。有些人通过雇主获得伤残险，还有一部分寿险。但对那些个体经营者或没有雇主给上保险的人，确实应该认真考虑伤残险，特别是如果他们没有多少储蓄，一旦不能工作，他们的财务状况将会很快恶化。寿险对那些在经济上被家庭成员依赖，而又没有大量储蓄的人来说更是有意义。

这些糟糕的场景——伤残、支付家庭护理费用、被起诉、提供家庭主要经济来源的人突然死亡——都可能让家庭财富归零，让我们不得不依赖政府或他人的慈善救济。想到这些确实会让人不愉快，但如果不考虑这些难以想象的情况，不仅会让家庭的财务状况更加危险，也会让我们感到焦虑。但其实只需要简单几步，我们就能很快忘掉这些焦虑。

这并不是说，我们应该购买一揽子的保险计划。保险公司支付给客户的保险理赔，要比收取的保费少得多，所以客户购买保险通常是赔钱的，并且这些保险的支出还会挤压家庭的预算。所以，我们如何才能确保只购买需要的保险呢？考虑以下方法。

第一，不要购买那些只是防范一些微不足道的金融风险的保险。尽管我们有时也会碰到一些不开心的情况，比如在最后一分钟不得不取消航班，或因为质量问题需更换去年的电视，由于这些保险的成本在资产占比中实在不算太高，我们经常会购买飞机行程取消险和商品质量保障延期险。当然，如果是为

8岁孩子购买平板电脑，附加一份延期险可能是值得的，因为孩子使用平板电脑时会不太小心。如果我们80岁了，购买飞机行程取消险很可能也是值得的，因为健康状况不佳或许会耽误旅行。但在大多数情况下，应该避免购买这类保险，因为发生的风险较小，而经常购买的保险成本又较高。

但是，有一些风险则会带来潜在的、严重的经济后果。虽然我们自己也可以承受一些风险，但由于风险较大，以至于不得不与其他人一起分担风险。这就是我们在第二章中讨论过的资金池的概念。我们把钱投入一个保险资金池中，如果遇到一些风险，比如房屋烧毁，我们可能会在这样的灾难中倾家荡产，但我们可以从保险资金池中得到保障。

第二，为了降低保险成本，可以调整承保的范围，我们自己承担适度的风险，让保险公司来承担适度风险外的更大的风险。例如，我们可能会在房屋保险中，接受一个3 000欧元的免赔额条款。如果房屋着火了，我们自己将承担3 000欧元的损失，超过的部分由保险公司来负责理赔。免赔额条款的好处是可降低保费。我们可以选择在健康险和车险中接受更高的免赔额，在购买伤残险和长期护理险时选择更长理赔时间的保险。保险理赔时间是从提出理赔到支付理赔款之间的时间。在最终获得理赔之前，我们必须自掏腰包支付费用，但这样的成本并不算太高。

第三，随着财富积累，当能够承担更大的风险时，我们就不用再买保险了。如果我们有一个100万美元的投资组合或者其他等值货币,当我们不幸去世或残疾时,家庭经济可能依然处于健康的状态,所以我们可以暂停购买伤残险和寿险。同样,如果我们有一个100万美元的后备保障,我们就不用再购买长期护理险,该保险在法国和美国等国家被普遍投保。取而代之的是,我们可以自掏腰包支付养老费用,这也被称为自我保险。那么伞形责任险呢?这类保险可以在面临错误的诉讼时保护我们。如果我们真的走在了康庄大道上,这类保险是更加必要的,因为我们会很容易成为被起诉的目标。

到全球市场中去

我们在投资时，会面临三种截然不同的风险：市场表现糟糕的风险；投资回报远低于市场平均水平的风险；在错误时机买卖失误产生的风险。

如果每个市场都产生了上述糟糕的结果，我们就倒大霉了。幸运的是，这不太可能会发生。当通胀加速时，我们的债券会受到影响，但我们的房子和股票会强势，工资也可能会随着通胀而上升。当经济衰退时，股价会下跌，房价可能会低迷，我们可能会失业，但债券表现会很好。我们也可从一些其他的投资工具中获利，比如黄金概念股、林业、对冲基金、自然资源公司和房地产投资信托基金。把投资分散到广泛的资产组合中，为自己提供一定抵御动荡市场的保护，如此我们投资的长期表现便会较好。

对于投资回报低于市场平均水平的风险，正如上面我提到的，当构建投资组合时，可考虑将全球分散化的指数基金投资组合作为起点。机构投资者和学者有时会谈到"市场投资组合"或"可投资领域",这也是指投资一系列全球资产。2014年的一项研究结论指出,可投资领域包括36%的股票、55%的债券、5%的商业房地产和4%的私募股权。[67]私募股权主要涉及对私人控股公司的风险投资。而美国股票约占全球股市市值的一半,美国债券约占全球债券市场市值的一半。

如果我们不想按照各种所谓的投资建议来指导投资,则可以购买指数基金。[68]指数基金对指数进行复制,其回报与直接投资构成指数的成分股类似。对那些想要实现市场平均回报的人来说,这是最终的选择。尤其是,如果交易成本比较高,会拖累回报率的时候,这类指数基金,由于其交易成本低,从而可以获得高于市场平均的回报。不过,我并不倾向于完全复制全球市场的投资组合,主要出于以下三个关键原因。

第一,正如第四章所讨论的,我们投资股票和债券组合的配比,应该反映人力资本的高低,比如一般的市场投资组合中约有55%的债券。对于退休人员,可能需要更高的债券比例,但对那些仍然有工资收入的人来说,债券的比重可以减少一些。

第二,投资组合应该反映出投资者对风险的偏好程度。如果我们20多岁,有一份安全的工作和稳定的工资收入,股票配置达到90%也是可以的。但如果我们会对市场波动感到不安和压力,无论我们有多年轻,配置如此高比例股票的投资组合都不明智。

第三，股票的持股比例应该与未来的支出相吻合。当退休并开始提取养老储蓄时，许多开销将用于购买本国的商品和服务，所以保留大部分以本国货币计价的投资是明智的。这在美国相对容易实现，因为美国的股票和债券约占全球金融市场价值的一半。

如果你住在别的国家呢？无论你住在哪个国家，比如，英国、德国、法国、澳大利亚、日本或其他地方，我都会提出如下的建议：持有以本国货币计价的高质量债券，如果是以其他国家货币计价，还需要使用对冲工具来对冲外汇风险。与此同时，我们的目标是构造一个可以复制全球股市平均回报的投资组合。例如，澳大利亚投资者把2%的资金投资于澳大利亚本国的股票，日本投资者把8%的资金投资于日本本国的股票，英国投资者的目标是6%，其余部分投资于外国的股票。

通过投资以本国货币计价的债券，或者使用对冲工具来对冲外汇敞口，你可以避免投资组合中的外汇风险。如果你坚持投资高质量的公司债券和政府债券，相应的违约风险会大幅降低。

那么关于股票呢？我建议的策略会隐含较大的外汇风险。以持有大量股票投资组合的澳大利亚年轻人为例，他们把98%的资金投资于本国以外的股票市场，这将会面临较大的外汇风险。尽管如此，我仍然觉得，承担外汇风险比其他选择还是要明智得多，比如由于缺少分散化，把大部分资金都投资于澳大利亚股市所导致的风险。此外，外汇风险会随着时间的推移而减弱，当这些做分散投资的澳大利亚成年人逐渐接近退休年龄的时候，他们持有的债券会增加到总仓位的 50%。

到退休时，还有 50% 的仓位是股票，并且几乎都是外国公司的股票，似乎承担了过多的外汇风险，但是相对而言，如果澳大利亚股市的表现无法满足养老需求，外汇风险带来的影响就微不足道了。此外，更为明智的举措是，将配置在股市上的部分资金，投入澳大利亚的股票指数基金，而该基金持有全球股票的投资组合，这种基金会对外汇敞口进行对冲管理。这样就可以发挥这个策略的优点：降低外汇风险并享受全球股市分散化配置带来的额外的安全性。

如果承担一定的外汇风险，可以获得更加分散化的投资组合效果，我就不会选择完全规避外汇风险。假设你所在的国家陷入经济困境，导致本国货币出现贬值。在这种情况下，国内的股市很可能会下跌。但是，如果你持有的投资组合中有外国公司的股票，并且外汇风险没有被对冲，这些外国公司的股价会随着外币的走强而上涨，从而可以部分甚至完全弥补本国股市下跌带来的损失。有一条可以参照的准则是，如果你即将退休，请确保有外汇风险的头寸不超过投资组合的 25%。

让我们再次考虑一下，假设澳大利亚投资者，他们退休的时候，投资组合中的 50% 是本国债券，1% 是本国股票，49%

是外国股票（请注意，本国股票仍占所有股票持仓的2%，由于所有股票持仓占全部投资组合的一半，所以本国股票的持仓占整体投资组合的1%）。就目前情况来看，澳大利亚的这位退休人员49%的投资组合可能承受了外汇风险。为了将这一比例降至25%，他可以把一半的外国股票投资转投到一只对冲了外汇风险的基金上。

精挑细选买基金

上述这些情况，对实际投资有什么指导意义呢？先做一些简化，我们将忽略私募股权和商业房地产的投资，因为它们在全球市场投资组合中是相对小的一部分。我们暂且只关注股票和债券市场。在实践中，一般而言，你可能也只会购买 4~5 只基金，所以我们更要精挑细选。

对于债券的投资，你可以购买一只投资本国债券的指数基金和一只投资外国债券但对冲了外汇风险的指数基金。更简单的是，你可以只购买一只投资全球债券的指数基金——它既持有本国债券，又持有外国债券，而且对外汇风险进行了对冲。

股票呢？你可以购买三只基金：一只投资本国股票市场的指数基金以及两只投资外国股票市场的指数基金，包括发达国家市场和新兴国家市场。在这两只外国股票基金中，可以有一只对冲了外汇风险，而另一只则不去对冲。你也可以购买两只全球股票指数基金——那些同时持有本国股票和外国股票的基金。然后，你可以根据自身的外汇风险偏好，来调整在这两类指数基金上的投资金额。

在全球范围内，有三个指数基金的巨头，分别是贝莱德的 iShares、美国道富金融集团的 SPDRs 和先锋领航集团，不过这三家公司也不是唯一在该领域竞争的公司。先锋领航集团提供共同基金和交易所交易的指数基金，而 iShares 和 SPDRs 的基金是交易所交易的基金。最理想的情况是，你想要投资的基金就在本国。如果没有的话，你可能需要去研究，购买在外国交易所上市的基金，对外国的投资可能会涉及额外的交易成本，也可能涉及相应的税款。

如果你一时无法找到想要投资的基金，或许是由于你所在国家或市场提供的产品有限，或许是你的选择有限，比如在雇主养老金计划中的基金选择非常有限。那你就需要多花些心思和创造力，因为你永远不应该忽视，广泛分散化投资的必要性以及降低投资成本的重要性。

在选择基金时，要仔细查看每只基金的年度费用、经纪佣金，购买交易所交易的基金会产生相关的其他交易成本。有一些基金，在你买卖基金份额时，是没有佣金的，这在美国被称为无负荷基金。一旦你建立了投资组合，一定要时常检视，以确保你的投资组合结构仍然符合你的目标投资组合既定结构。如果不是，就要考虑资金的再平衡配置，降低配置那些已经获利的投资标的，增加配置那些低于目标比例的投资标的。

由于我们跳过了对房地产和私募股权的投资选择，随着我们年龄的增长，只是调整了股票和债券在投资组合中的配置比例，可能最终的投资回报，还是会在一定程度上偏离全球市场投资组合的目标回报，但是这样的偏离，只是出于简化和风险的考虑，不会危及我们获得合理的长期回报。但是还会进一步偏离吗？我们可以事后归因于指数基金持有的股票和债券，并转而开始积极管理自己的投资组合，但这绝不是我建议你做的事情。我们如果避开指数基金，而去购买主动管理型股票基金，我们所选的基金的业绩表现可能会远低于指数策略，如果我们把钱集中在全球股市的单一市场或者选择投资个股，则风险会更高。

可以肯定的是，由于避开投资主动管理型股票基金和个股，我们也放弃了任何表现优于指数的机会，但其实这个机会是很渺茫的。这就是投资的双刃剑：投资越不分散化，发财的概率就越大，但最终返贫的概率也会越大。这两个结果是永远对等的。

请记住，我们的目标是有足够的钱来过想要的生活。我们如果持有的投资组合分散化程度很差，就会面临巨大风险。我们可能会在短时间内，遭受非常大的损失，而且在相当长的时间内都难以弥补。弥补损失是如此艰难：如果我们损失了25%，需要33%的回报率才能回到原来的起点。如果损失了50%，需要100%的反弹才能让我们回本。如果我们损失了

75%呢？为了弥补损失，我们需要300%的回报率。

75%的损失似乎是不太可能发生的噩梦，好像是过于谨慎的金融作家杜撰的，以吓唬读者。但近几十年来，许多投资者都经历了这样的噩梦场景，那些在20世纪90年代末重仓押注科技股的人在2000—2002年的熊市中遭受了比75%还要大的损失。短短31个月，纳斯达克综合指数下跌了78%，哀鸿遍野。直到2015年，纳斯达克综合指数才回到2000年3月的峰值。从效果上来比较，在20世纪90年代末，科技股投资者的这场投资很像是俄罗斯轮盘赌的赌局，那些未能及时退出的投资者的代价，是付出了15年的理财光阴。

在熊市中保持清醒

前文我提到投资会面临三种不同的风险，包括市场表现糟糕的风险，投资回报远低于市场平均水平的风险。现在，我们来认识第三个也是最后一个风险：在错误时机买卖失误产生的风险。

这里讨论的风险就像是镜子里的敌人。我们能承受多大的投资风险？在景气市场中给出的答案，往往与市场下跌50%，专家宣称还会继续下跌，所有人都陷入绝望时的答案，是很不相同的。正如亚当·史密斯在1968年的畅销书《金钱游戏》中写道："如果你不知道自己是谁，那么股市将是一个非常昂贵的能找到答案的地方。"

我们如果卖出股票，最好选在别人贪婪时，而不是在别人恐慌抛售时也跟着卖出。我们如何弄清楚自己可以承受多大的风险，以使我们在市场表现好的时候卖出，而不是在市场底部卖出？不幸的是，没有一个股市的模拟器，能够模拟我们在市场剧烈动荡时所感受到的恐慌情绪。但你可以从几个不同的角度来探讨这个问题。

对于股市的新手，如果你在 2008 年和 2009 年投资，看看你当时的操作，是买、是卖，还是观望。我们的记忆往往是不可靠的，所以还是应该找出账户的历史报表，仔细看看你所做的交易。我们的投资能力会随着时间而提升，但我们不应该骗自己，因为指导我们在下一次熊市中交易的最好指南，来自我们在上一次熊市中的表现。

如果你还没有经历过一次熊市该怎么办呢？想象一下，股价下跌了 35%，这在熊市期间是相当常见的情况。试着计算一下实际的损失结果。假设你有 25 万英镑的投资组合，其中包括 20 万英镑的股票。突然间，你那 25 万英镑的投资组合，只值 18 万英镑。钱不见了，并且你知道失去的钱不会回来了。事实上，你的 18 万英镑有可能很快缩水到 15 万英镑甚至更少。你的感觉如何，你会如何反应呢？

我的建议是，确定一个数字，即你不希望你的投资组合价值跌破的数值。假设你有 70 万元的投资组合，你不希望其亏损超过 20 万元，也就是跌到 50 万元以下。如果你把这 20 万元除以 35%，你就会得到 57.1 万元，这个数字可能是你应该持有的股票的最大金额。为什么是 57.1 万元？如果你的股票下跌了 35%，而你价值 70 万元的投资组合中只有 57.1 万元是股票，那么你的投资组合的价值就不会低于 50 万元。

想要更加谨慎吗？你可以假设 50% 的跌幅。在这种情况下，计算出你应该在组合中持有多少股票，将你愿意承受的最大亏损除以 50%，无论是以什么货币来计算，得到的结果，就是你应该分配给股票投资的最大金额。

通常，我们对持有的投资组合并不完全满意，因为一系列常犯的心理错误，会让我们坚持当前持有的股票。为了让自己摆脱困境，你可以试问自己：如果是一个同龄人，经济状况也相似的邻居，向我征求理财建议，我会推荐什么投资组合？如果你向你假设的邻居建议的投资组合与你自己所拥有的投资组合不同，是为什么呢？

你也可以这样问自己：如果我今天可以从头开始，我会买入目前所拥有的投资组合吗？

即使以上几个问题让你确认了你对现有的投资组合感到满意，你也应该试问自己这个问题：我是否承担了不必要的风险？

如果我们已经积累足够的钱来过我们想要的生活，我们就赢了。为什么我们还要继续玩呢，冒着可能失去好不容易取得的财务安全的风险？我们可能会习惯于保留投资组合中 70% 的股票。其实只要我们已经积累了足够的储蓄，我们就不再需要追求更多的投资性回报来达到财务目标，那么把股票的配置比例降低到 40% 或 50% 将会是理性的选择。或许这么做，留给继承人的钱会少一些，但我们陷入破产的可能性也会更小一些。

结语

　　我的祖父，大家都叫他克莱姆（Clem），1905年出生在伦敦的一个工人家庭。他的母亲在他很小的时候就去世了，他和妹妹康妮（Connie）由姑姑抚养长大，姑姑对自己的孩子很好，对他俩则极为刻薄，克莱姆和妹妹经常吃不饱肚子。他12岁辍学，进入邮局工作，负责整理邮件。一边工作，一边在夜校学习，克莱姆后来在公务员系统找到一份文书工作，一干就是一辈子。退休后，他开始享受中产阶层的舒适生活，他有自己的一所房子和一辆车，70多岁的时候，他还装了电话，那个时候，电话可是个"新鲜"玩意儿。他的两个孩子——我的父亲和姑姑——都上了剑桥大学，当时，英国北部公立学校的学生很少能被剑桥录取。

　　几乎每次选举，克莱姆都会投票支持工党，他认为自己是一名社会主义者。他比大多数人都更清楚，贫穷是各种社会弊病的滋生地。为了强调这一点，他经常会补上一句："如果有的人长大后会成为罪犯，那就是我。"克莱姆传达的信息是，贫穷可以解释犯罪产生的原因，但这并不能成为任何一个人犯罪的借口。同样的道理也适用于财务管理。

关于目前的我们为什么贫穷，可能会有各种各样的解释。可以归因于我们的天生本能、智慧不够，以及面对各种营销手段分不清真伪，对投资回报过度贪婪等。虽然我能理解为什么有些人会误入穷途，但我也并不会同情他们。没有人拿枪抵着我们的头，迫使我们大把花钱，购买价格过高的投资产品。我们每一个人都可以自由做出选择，我们应该特别认真和谨慎地对待财务决策，毕竟投资风险如此之高。一旦做出错误决策，生活可能为钱所困；而做出正确决策，就可以实现财务自由去过想要的生活。

这本书是关于钱与幸福的。我说服你了吗？也许你仍然会尝试用你的方式去打败市场；也许你会忍不住想要一辆漂亮的新跑车；也许你对自己的预期寿命还不确定，以至于你不敢推迟领取政府退休金。不过，幸运的是，你还是会发现本书的前几章很有启发性，让你重新审视你的财务状况。

现在的你已经开始思考，是时候做点什么了。如果你被孩子或电话打扰而分心，不记得这本书里讲些什么，那么请看以下的简要总结，归纳了本书的12个要点，告诉你如何使你的财富效用最大化。

1. 我们应该去享受财富所带来的更为持久的价值，当我们把钱花在各种经历上而不是物品上时，往往会得到更大的幸福。忘掉新车，取而代之的，来一趟欧洲环游之旅吧！

2. 我们应该用财富为家人和朋友创造在一起的特殊时光。带着孩子一起参加体育活动，和伴侣去看一场电影，和朋友们聚餐聊天，或者订一张机票去看看孙子。

3. 我们应该为自己设计一种生活方式，可以自由地做喜欢的事情。为实现这个目标，我们应该在年轻的时候节省每一分钱，从而更早争取财务自由。也许40多岁，我们就可以自由地选择一个可能不那么赚钱，但会更有成就感的职业。

4. 我们不必担心自己会死得早，而要多考虑一下我们比预期活得久怎么办。面对这种风险，我们大多数人应该推迟领取政府退休金，从而获得未来更多的月度退休金领取额，也应该考虑购买获得终身收入的即期年金。

5. 我们的投资时间不应该以几个月和几年去衡量，而是以十几年和几十年为周期。我们应该努力超越市场短期动荡的影响，去努力获得全球分散化股票投资组合30年甚至50年的惊人回报。虽然长期的熊市，会让持有债券和现金不足的退休人员陷入贫困，但这对储蓄良好的年轻人来说是一份伟大的礼物，因为它提供了以低价购买股票的机会。

6. 我们应该压缩每月的固定成本开支，比如房贷或房租、汽车的开支、水电费支出、食品杂货费和保险费。保持较低的固定成本开支，将给我们更多财务喘息的空间，这可以缓解财务压力，也使我们留下更多的钱来进行可自由支配的"兴趣"支出，并促使我们进行更多储蓄。

7. 好的储蓄习惯不是自然养成的，我们需要用尽可能轻松的方式，把每个月的收入存下来一部分。这意味可以参与企业的养老金计划，每月通过工资自动扣缴。选择适合我们的基金进行定投，每周或者每月自动从银行账户扣款投资。制定一个容易执行的财务规则，比如每月提高房贷还款 50 美元或 100 美元。有时我们还会获得一笔意外之财，比如年终退税、副业收入等，把它们存下来。

8. 基于投资本金的压力，我们越想击败市场，就越有可能失败。为了避免这种命运，我们不应幻想超越其他投资者，保持谦卑，投资低成本的全球分散化指数基金投资组合。

9. 我们永远也不应该忘记，股票是具有基本面价值的。对一个分散化股票投资组合来说，基本面价值的变化要比市场价格变化慢得多。脚踏实地，每投资一元钱，我们都应该关注股息率和回报率，我们应该关注市场的长期回报，像消费者那样，以看到百货商店大促销的热情，来看待股票市场的下跌。

10. 按时间顺序计算，退休是人生的最终财务目标，我们应该把它放在首位。退休是我们诸多目标中最昂贵的目标，因此需要提早储蓄，获取几十年的投资收益，来积累足够多的钱。退休也与其他目标明显不同，比如买房子或为孩子的教育买单。有什么不同呢？退休对我们大多数人来说是不可选的，我们也不能指望从我们的工资中来支付退休的费用，因为那个时候我们早就没有工资收入了。

11. 我们应该从多个方面来审视财务管理。而最该关注的概念应该是我们人力资本的收入或者缺口。我们有生之年的工资收入就像一种能产生 40 年稳定收入的债券。这种现金流，可以使大量的股票投资组合获得分散化的效果，为退休提供所需的储蓄，也可以让我们在刚进入职场的头几年就有能力承担债务，然后在退休前偿还完毕。我们还需要保护自己的人力资本，确保有足够的医疗险以及足够的伤残险和寿险。

12. 最终目标不是致富。相反，最终目标是基于财富来过上我们想要的生活。我们不应该参与成本过高的投资，不应该偏离全球指数化策略太远，更不应该忽视保险对重大金融风险的缓解作用而将自己置于风险之中。

我所总结的这些要点都不是特别复杂或高深，但将这些总结付诸实践,还需要进一步思考和努力。我们需要忽视本能,控制情绪,深呼吸,保持专注。为了我们可能长达 90 年的幸福和财务自由而不懈努力。

这听起来像是有很多工作要做?与潜在的回报相比,其实不算什么。有了目标,按照上述简单步骤,我们所积累的财富数量和财富人生的幸福感,将会是难以想象的。

注释

下面列出的许多研究、文章和学术论文，可以在网上免费获得。只需在常用的搜索引擎中，输入标题和作者的名字就可找到。

1. 关于行为金融学、神经经济学、演化心理学和幸福研究的介绍，可以参考以下四本书。行为金融学参阅 Michael M. Pompian. Behavioral Finance and Wealth Management：How to Build Optimal Portfolios That Account for Investor Biases. Wiley (2006). 神经经济学参阅 Jason Zweig. Your Money and Your Brain：How the New Science of Neuroeconomics Can Help Make You Rich. Simon & Schuster (2007). 演化心理学参阅 Terry Burnham and Jay Phelan. Mean Genes：From Sex to Money to Food：Taming Our Primal Instincts. Perseus Publishing (2000). 关于幸福的研究参阅 Sonja Lyubomirsky. The How of Happiness：A Scientific Approach to Getting the Life You Want. Penguin Press (2007)。
2. 我忍不住要标注一个本没有注释的句子。

3. Alois Stutzer and Bruno S. Frey. What Happiness Research Can Tell Us About Self-Control Problems and Utility Misprediction. IZA Discussion Paper, no. 1952 (January 2006).
4. Elizabeth W. Dunn, Daniel T. Gilbert and Timothy D. Wilson. If Money Doesn't Make You Happy, Then You Probably Aren't Spending It Right. Journal of Consumer Psychology, vol. 21, issue 2 (April 2011).
5. Zhanjia Zhang and Weiyun Chen. A Systematic Review of the Relationship Between Physical Activity and Happiness. Journal of Happiness Studies (24 March 2018).
6. Pew Research Center. Are We Happy Yet (February 2006).
7. Sonja Lyubomirsky, Kennon M. Sheldon and David Schkade. Pursuing Happiness: The Architecture of Sustainable Change. Review of General Psychology, vol. 9, no. 2 (2005).
8. Pew Research Center. People in Emerging Markets Catch Up to Advanced Economies in Life Satisfaction (October 2014).
9. Richard A. Easterlin, Laura Angelescu McVey, Malgorzata Switek, et al. The Happiness-Income Paradox Revisited. Proceedings of the National Academy of Sciences, vol. 107, no. 52 (28 December 2010).
10. Sonja Lyubomirsky, Kennon M. Sheldon and David Schkade. Pursuing Happiness: The Architecture of Sustainable Change. Review of General Psychology, vol. 9, no. 2 (2005).
11. 根据 Daniel Kahneman and Angus Deaton. High Income Improves Evaluation of Life But Not Emotional Well-Being. Proceedings of the National Academy of Sciences, vol. 107, no. 38 (21 September 2010), 美国人的日常幸福感的收入上限为7.5万美

元。根据一项来自164个国家的170万人的调查,Andrew T. Jebb, Louis Tay, Ed Diener, et al. Happiness, Income Satiation and Turning Points Around the World. Nature Human Behaviour, vol. 2, 33–38 (8 January 2018),其他地方的数字也大致相似,大约是6万~7.5万美元。

12. Daniel Kahneman, Alan B. Krueger, David Schkade, et al. Would You Be Happier If You Were Richer? A Focusing Illusion. Science, vol. 312 (June 2006).

13. Daniel Kahneman and Angus Deaton. High Income Improves Evaluation of Life But Not Emotional Well-Being. Proceedings of the National Academy of Sciences, vol. 107, no. 38 (21 September 2010).

14. David Schkade and Daniel Kahneman. Does Living in California Make People Happy. Psychological Science, vol. 9, no. 5 (September 1998).

15. Erzo F. P. Luttmer. Neighbors as Negatives: Relative Earnings and Well-Being. Quarterly Journal of Economics (August 2005).

16. John Gathergood. Debt and Depression: Causal Links and Social Norm Effects. The Economic Journal (September 2012).

17. Daniel Kahneman, Alan B. Krueger, David Schkade, et al. Toward National Well-Being Accounts. AEA Papers and Proceedings (May 2004).

18. HuffingtonPost. Divorce Study Shows That Couples With Longer Commutes Are More Likely to Divorce (13 August 2013).

19. Leaf Van Boven and Thomas Gilovich. To Do or to Have? That Is the Question. Journal of Personality and Social Psychology, vol. 85, no. 6 (2003).

20. Kim Parker. Parenthood and Happiness: It's More Complicated Than You Think. Pew Research Center (7 February 2014).

21. Chris M. Herbst and John Ifcher. The Increasing Happiness of Parents. Review of Economics of the Household (July 2015).

22. Angus Deaton and Arthur A. Stone. Evaluative and Hedonic Wellbeing Among Those With and Without Children at Home. Proceedings of the National Academy of Sciences, vol. 111, no. 4 (28 January 2014).

23. Elizabeth W. Dunn, Daniel T. Gilbert and Timothy D. Wilson. If Money Doesn't Make You Happy, Then You Probably Aren't Spending It Right. Journal of Consumer Psychology, vol. 21, issue 2 (April 2011).

24. Richard M. Ryan and Edward L. Deci. Self-Determination Theory and the Facilitation of Intrinsic Motivation, Social Development, and Well-Being. American Psychologist, vol. 55, no. 1 (January 2000).

25. 我本想在这里插入 HumbleDollar 网站的链接，但后来我想直接插入可能会有些俗气。

26. Ashley V. Whillans, Elizabeth W. Dunn, Paul Smeets, et al. Buying Time Promotes Happiness. Proceedings of the National Academy of Sciences, vol. 114, no. 32 (8 August 2017).

27. Daniel Kahneman, Alan B. Krueger, David Schkade, et al. Toward National Well-Being Accounts. AEA Papers and Proceedings (May 2004).

28. Julianne Holt-Lunstad, Timothy B. Smith and J. Bradley Layton. Social Relationships and Mortality Risk: A Meta-Analytic Review. PLOS Medicine (27 July 2010). PLOS 是美国科学公共图书馆 (Public

Library of Science)的简写。

29. 请注意,对于格罗弗·克利夫兰(Grover Cleveland),尽管他确实有两届非连续的任期,但我们只计算了一次,所以,截至2018年年中,美国有45届总统任期,但是只有44位总统。

30. Felicitie C. Bell and Michael L. Miller. Life Tables for the United States Social Security Area 1900–2100. Social Security Administration, Office of the Chief Actuary, Actuarial Study no. 120 (August 2005). 这里使用的数字来自表 II,是分组预期寿命值(cohort life expectancies)。分组预期寿命反映了死亡率的实际值或预期值的下降。相比之下,分期预期寿命值(period life expectancies)反映了每一个年龄段的死亡率,而没有考虑任何实际值或预期值的改善。例如,对于2000年出生的人,男性的分期预期寿命值为74岁,女性为79岁。男性的分组预期寿命值为80岁,女性为84岁。后者对你可能会活多久,提供了更好参照。

31. 我要感谢理财规划师鲍勃·弗雷(Bob Fred)和精算师乔·汤姆林森(Joe Tomlinson)提供的这些观点和数据。

32. 2017年度美国联邦社会保险信托基金年度报告(2017 OASDI Trustees Report)的表 V.A3.

33. 数据来自联合国经济和社会事务部人口司的网站。

34. 根据雇员福利研究所2018年的退休信心调查,虽然大多数美国雇员计划在65岁退休,但通常会更早退休,即62岁。

35. 想了解更多关于人口老龄化带来的难题,请参阅 Robert D. Arnott and Anne Casscells. Demographics and Capital Market Returns. Financial Analysts Journal (March/April 2003).

36. David G. Blanchflower and Andrew J. Oswald. Is Well-Being U-Shaped Over the Life Cycle. Social Science & Medicine 66 (2008).

37. 关于年龄和动机研究的文献综述，请参阅 Gottfried Catania and Raymond Randall. The Relationship Between Age and Intrinsic and Extrinsic Motivation in Workers in a Maltese Cultural Context. International Journal of Arts and Sciences, vol. 6, no. 2 (2013).

38. Lauren L. Schmitz. Do Working Conditions at Older Ages Shape the Health Gradient. Working paper (September 2015).

39. American Institute for Economic Research. New Careers for Older Workers (2015).

40. Mihaly Csikszentmihalyi. Flow：The Psychology of Optimal Experience. Harper & Row (1990).

41. Jonathan Clements. Three Questions That Can Change Your Finances...and Your Life. Wall Street Journal (27 February 2015).

42. Anna Prior. Route to an $8 Million Portfolio Started With Frugal Living. Wall Street Journal (19 March 2015).

43. 根据1913年12月31日—2017年12月31日的收益报告来算的市盈率，其他来源的市盈率数据会略有不同。

44. 你可以在MSCI的官网上找到MSCI的数据。如果要检索更多维度，请单击索引名称。

45. John C. Bogle and Michael W. Nolan Jr.. Occam's Razor Redux：Establishing Reasonable Expectations for Financial Market Returns. Journal of Portfolio Management (Fall 2015).

46. William J. Bernstein and Robert D. Arnott. Earnings Growth：The Two Percent Dilution. Financial Analysts Journal (September/October 2003). 在该研究出现以后的一段时间，股票回购与股票发行的数量大致相当，但尚不清楚这是短期现象还是长期趋势。

47. John Maynard Keynes. The General Theory of Employment, Interest and Money. Macmillan Press (1936).
48. 虽然数据表明美国人平均在 62 岁就开始领取社会保障福利，但也有迹象表明，他们的财务行为更加明智，详见 Alicia H. Munnell and Anqi Chen. Trends in Social Security Claiming. Center for Retirement Research at Boston College (May 2015).
49. 更多信息请参见 Michael M. Pompian. Behavioral Finance and Wealth Management: How to Build Optimal Portfolios That Account for Investor Biases. Wiley (2006).
50. Meir Statman. How Your Emotions Get in the Way of Smart Investing. Wall Street Journal (14 June 2015).
51. Thomas J. Stanley and William D. Danko. The Millionaire Next Door: The Surprising Secrets of America's Wealthy. Longstreet Press (1996).
52. Thomas J. Stanley. Stop Acting Rich... And Start Living Like a Real Millionaire. Wiley (2009).
53. 在我做演讲时，我常会展示这份统计清单，然后会说："正如我想告诉你们的，你会通过糟糕的发型和可怕的宿醉来识别百万富翁。"
54. Jonathan Clements. Compare and Contrast: Bear Market of 1973–1974 Changed How People Judged Investment Performance. Wall Street Journal (28 May 1996).
55. Michael C. Jensen. The Performance of Mutual Funds in the Period 1945–1964. Journal of Finance, vol. 23, issue 2 (1968).
56. Aye M. Soe and Ryan Poirier. SPIVA US Scorecard. S&P Dow Jones Indices, S&P Global, Report 1 (year-end 2017).
57. Aye M. Soe and Ryan Poirier. Does Past Performance Matter? The Persistence Scorecard. S&P Dow Jones Indices, S&P Global,

Exhibit 5 (December 2017).

58. Benjamin Graham. The Intelligent Investor. HarperCollins (1949).

59. 举例可参阅 Adam Smith. The Wealth of Nations. book II, chapter 1 (1776) 和 Zvi Bodie, Robert C. Merton and William F. Samuelson. Labor Supply Flexibility and Portfolio Choice in a Life Cycle Model. Journal of Economic Dynamics and Control (1992), 以及 Roger G. Ibbotson, Kevin X. Zhu, Peng Chen, et al. Lifetime Financial Advice：Human Capital, Asset Allocation and Insurance. CFA Institute Research Foundation (2007)。70% 的数据来源于 Tiffany Julian. Work-Life Earnings by Field of Degree and Occupation for People With a Bachelor's Degree：2011. American Community Survey Briefs, US Census Bureau (October 2012)。 该研究显示，高中毕业生的平均终身预期收入为 140 万美元，拥有学士学位的平均终身预期收入为 240 万美元，拥有硕士学位的为 280 万美元，拥有专业学位的为 420 万美元，拥有博士学位的为 350 万美元。

60. 在理财规划中，4% 是一种相当标准的推荐的提取率。感谢 William P. Bengen. Determining Withdrawal Rates Using Historical Data. Journal of Financial Planning (October 1994) 这一创造性研究。

假设退休人员在退休的第一年取出他们储蓄篮子里的 4%。在随后的几年里，虽然在取出，但篮子的钱也会随通胀而增加。取出的钱可能要上税，收到的股息和利息会被计为当年利得。

61. Chenkai Wu, Michelle C. Odden, Gwenith G. Fisher, et al. Association of Retirement Age with Mortality：A Population-Based Longitudinal Study Among Older Adults in the USA. Journal of Epidemiology and Community Health (21 March 2016).

62. 美国的数据来自 United States Life Tables 2014. National Vital

Statistics Report，vol. 66，no. 4（14 August 2017）。英国的数据来自英国国家统计局的生命表和基准预测，这些数据均可在线下载。

63. 关于时间对投资结果的影响有一篇研究深刻的文献，你可以从中找到一些结论性的观点：Donald G. Bennyhoff. Time Diversification and Horizon-Based Asset Allocations. Vanguard Investment Counseling & Research (2008).

64. John C. Bogle. The Arithmetic of "All-In" Investment Expenses. Financial Analysts Journal，vol. 70，no. 1（January/ February 2014）.在这篇文献计算的主动管理型股票基金2.27%的年度总成本中，虽然不是全部，但有些基金的销售费用达到0.5%。

65. Brad M. Barber and Terrance Odean. The Behavior of Individual Investors. SSRN.com (September 2011).

66. 我要感谢威廉·伯恩斯坦，是他提到了"帕斯卡的赌注"的相关内容，我引用了相关内容。

67. Ronald Doeswijk, Trevin Lam and Laurens Swinkels. The Global Multi-Asset Market Portfolio, 1959−2012. Financial Analysts Journal, vol. 70, no. 2 (March/April 2014).虽然这种投资组合反映了"市场投资组合"或"可投资领域"，但它并不能代表全球资产，要囊括全球资产类型，你还需要添加一些项目：住宅房地产、私人业务、政府所有资产、贵金属、艺术品等，当然如果你愿意的话，还包括人力资本的价值。

这也给我们提出了一个有趣的问题：如果我们致力于投资全球资产，而不仅是对一些常见的可投资领域，我们应该考虑债券吗？每借出一美元，就有一美元被借入，因此全球净债券头寸为零。如果我们可以挥舞魔杖，消除所有的公司债券、抵押债券和政府债券，然后提高股价来让股东受益，增加房屋资产净值来让房主受益，免去纳税人的利息来让纳税人受益。但是，与此对等的是，我们也会使公司债券、抵押债券和政府债券的持有人受害。

68. 美国有网站提供了一个由 15 只交易所交易的指数基金组成的，被称为"CWM 全球市场投资"的投资组合，该组合旨在复制全球市场投资组合的回报率。

致谢

英国著名六人喜剧团体蒙提·派森（Monty Python）的约翰·克里斯（John Cleese）曾说过一句经典台词："现在开始，将会完全不同。"我希望你能发现这是一本完全不同的个人理财书。我的目标是，为读者提供一种条理清晰的思考方式，来思考你们的人生财务规划，希望你们不再为钱发愁，从而做出更明智的财务决策，从收入和储蓄中获取更多的幸福感。

这本书美国版的出版，得到了尼古拉斯·克莱门茨（Nicholas Clements）、查理·埃利斯（Charley Ellis）、艾伦·罗斯（Allan Roth）和马克·辛克曼（Mark Sheinkman）的帮助和反馈。非常感谢你们。写作本书的想法，最初来自露辛达（Lucinda），她不仅是我的经纪人，也是我的妻子。

这本书在美国出版以后，我也想尝试把这本书介绍给其他国家的读者。很快我就找到了英国哈里曼出版公司（Harriman

House)，事实上，这也是我唯一接触过的英国出版商。我认识了编辑克里斯托弗·帕克（Christopher Parker），他曾为哈里曼出版了两本文集，让我印象深刻。仅仅几封电子邮件，就确定了出版事宜。克里斯托弗提供了许多好的建议，大大提升了英国版的品质。

当我写作本书时，我时常会想到我的孩子们：埃莉诺、汉娜、亨利和莎拉。我想如何才能让他们开始思考理财这件事呢？我并没有找到所有问题的答案（如果真找到，我想他们也一定会来纠正我的错误）。无论如何，这本书是一份实现成功人生财务管理的路线图，我把它献给我的四个孩子。